Kulinarische Entdeckungsreise

Claudio Urru

Kulinarische Entdeckungsreise

Claudio Urru

Reisefotografie: Horst Michel, Martin Baitinger
Foodfotografie: Hartmut Seehuber

Inhalt

Vorwort Ralf Bos

Lieber Claudio,

als ich Dich vor vielen Jahren kennenlernte, arbeitetest Du als junger Koch in der alten Stadtmühle in Schopfheim. Du warst noch sehr jung und hattest eine Dir eigene Energie, die Dich ein wenig wie ein hyperaktives Eichhörnchen wirken ließ. Du warst so schnell und so geschickt, dass der Patron kniffelige Aufgaben am liebsten in Deine Hände gab. Wenn er sich nach Deinen Fortschritten erkundigte, sagtest Du meist: »Bin scho fertig, Chef«.

In der alten Stadtmühle, die mit 17 Gault-Millau-Punkten gekrönt war, lerntest Du eine Küche kennen, die Dir auf Deinen weiteren Stationen oft zugute kam. Du lerntest da für die Stiefkinder der gehobenen Gastronomie zu kochen; nämlich für die Vegetarier. Denn die alte Stadtmühle war ein rein vegetarisches Restaurant.

Vegetarisches Kochen im Sterneniveau ist ungleich schwieriger als eine Komplettküche. Um adäquate Geschmacksexplosionen zu erzeugen, braucht man Produkte von einer Qualität, die den Durchschnitt bei Weitem übersteigen muss. Vielleicht ist das ein Grund für Deinen Produktfanatismus? Dieser innere Drang, der Dich immer wieder fragen lässt: »Gibt's das noch besser?«, der Dich auf der Suche nach dem besseren Produkt von den Lofoten nach Nebraska treibt, gepaart mit Deinem Fleiß, Deiner Energie und Deiner Geschicklichkeit lassen die Sachen, die Du auf den Teller bringst, zu kulinarischen Kunstwerken der Extraklasse werden.

Dein Talent, Dein Mut und Deine Unerschrockenheit vor neuen Techniken und Garmethoden werden Dich in ganz naher Zukunft zu einem der ganz, ganz Großen in der Branche machen und die Leser dieses Buches werden mit Stolz sagen: »Ich hab das immer gewusst. Ich habe seine Bücher schon gelesen, als er noch nur einen Michelinstern hatte.«

Und diese Leute werden stolz auf dieses wunderbare Buch sein, denn es ist lehrreich und interessant, es ist phantastisch produziert und professionell erarbeitet. Kurz, es ist ein Buch, das man haben muss, und ich bin, nicht zuletzt deshalb, ein weiteres Mal sehr stolz auf Dich, lieber Claudio. Mach weiter so!

Dein Freund

Ralf Bos

Vorwort Stephan Otto

Liebe Freunde des vollkommenen Essgenusses,

vollkommener Essgenuss spiegelt sich auf verschiedenen Ebenen wider. Er muss den Gaumen verwöhnen, das Auge und die Nase erfreuen und das Ohr sollte beim kulinarischen Genießen auch keine zu große Ablenkung erfahren. Also er sollte alle Sinne ansprechen.

Ideal ist eine Betörung der Sinne. Dann entwickeln sich Momente, an die wir uns unser Leben lang freudig zurückerinnern. Dazu bedarf es einer Sensibilisierung unserer Sinne.

Tauchen Sie ein in die Welt von perfekten Lebensräumen für das Tier, lernen Sie Enthusiasten kennen, die seit Generationen danach streben, Produkte höchster Qualität zu produzieren. Eingefangen in Wort und Bild kann es keine bessere Einstimmung geben.

Dass Claudio Urru als Qualitätsfanatiker die Morgan Ranch als eine Station auf seiner kulinarischen Reise ausgesucht hatte, bestätigte mich als Importeur seines Fleisches und den Züchter Dan Morgan. Zeugt es doch davon, dass sich für uns als OTTO Gourmet die Suche nach dem besten Wagyu-Fleisch gelohnt hat, und für Dan ist es eine weitere verdiente Anerkennung seiner jahrzehntelangen Zuchtarbeit.

Wir hatten aber auch ein Glück. Der Spätsommer ließ in den Sandhills von Nebraska Millionen von kleinen wilden Sonnenblumen erblühen. Friedlich grasende Rinder, imponierende Bullen, laue Abende am Grill, ein bisschen Cowboyleben, blauer Himmel und Sonnenschein taten ihr Übriges dazu.

Es versteht sich von selbst, dass wir einhellig der Meinung waren, auf der Morgan Ranch unsere besten Steaks im Leben gegessen zu haben.

Faszinierend für mich war dann später, als ich den Reisebericht über die Morgan Ranch in Händen hielt. Ich hatte das Gefühl, dass meine Emotionen, ja mein Glücksgefühl über die tolle Reise, noch stärker ausgeprägt waren als bei der Reise selbst.

Ich bin sicher, Sie werden viel Spaß beim Lesen haben, und freuen Sie sich schon darauf, die vorgestellten Ausnahmeprodukte bei Claudio Urru im Top Air oder zu Hause zu genießen. Es wird ein vollkommenes Genusserlebnis.

Ihr

Stephan Otto
OTTO Gourmet

Vorwort Claus Wöllhaf

»The name *top air* is cool and that's how it is!«

... schreibt Nina, Schülerin der 4. Klasse der *International School of Stuttgart* in ihrem Bericht über ihren Tagesausflug zum Flughafen Stuttgart und ihrem kleinen Schnupperkurs bei Claudio Urru in der Küche des *top air*.

Das *restaurant top air* wurde 1984 im Flughafen Stuttgart eröffnet, wenige Monate nach Gründung meiner Management-Buy-out Gesellschaften dort im Dienstleistungsbereich. Anknüpfend an meine berufliche Herkunft als Koch und Konditor machte mich dies auch zum Gastronomen.

Die Versorgung der Gäste, Kunden und Reisenden mit bedarfsgerechter Gastronomie an diesem Standort wurde mit dem *top air* um ein Restaurant ergänzt, das höchsten gastronomischen Ansprüchen gerecht wird. Schon bald zeugten zahlreiche Auszeichnungen von der Richtigkeit dieser Entscheidung.

Mit der Einweihung des *Terminal 1* am Stuttgarter Flughafen im Frühjahr 1991 erhielt das *restaurant top air* in einem neuen Gebäude eine zeit- und standortgemäße, also sachliche, aber doch auch anmutige Innenarchitektur. Die Nüchternheit eines Flughafens verbindet sich im *top air* mit räumlichem Wohlbehagen.

Der Anspruch auf höchste Klassifizierung wurde noch unterstrichen, als Martin Öxle, der damals Stuttgart verlassen wollte, als Chef gewonnen werden konnte. Ein Jahr später schon erhielt das *restaurant top air* den ersten *Michelin Stern*, eine besondere, singulare Auszeichnung für ein Flughafenrestaurant weltweit.

Als Martin Öxle weiterzog, setzte ich bei gleich hohem Maßstab eine neue Zielsetzung: jungen, engagierten und begabten Könnern aus der zweiten Reihe eine Chance zu geben, sich als Meister zu beweisen.
Und alle haben diese Chance genutzt: Alex Seifermann, dann Rainer Sigg. Nach dessen Weggang nach Berlin als Küchendirektor des Kempinski Hotels Adlon folgte Claudio Urru, dessen Qualifikation als Sous-Chef von Rainer Sigg im *restaurant top air* für mich Garantie der Fortsetzung einer ununterbrochenen Sternetradition des *restaurant top air* bot.

Ich sollte mich ein weiteres Mal nicht täuschen. Claudio Urru bestätigte schon sehr bald alle Erwartungen. Heute noch – nach 10 Jahren – mehr denn je! Er ist ein unbestrittener Meister, den zwei bei ihm sich nicht widersprechende Merkmale kennzeichnen: Kreativität und Kontinuität. Er beweist jeden Tag, dass Fortschritt und Bewahrung sich nicht ausschließen, sondern ergänzen, ja geradezu auf eine ideale Weise. Die Zufriedenheit seiner Gäste ist der Gradmesser dieser Bewertung.

Offenheit, Charme und südländische Herzlichkeit: tradiertes Erbe eines Vaters aus Sardinien und seiner Mutter aus Griechenland. Offenheit, Ehrlichkeit und nimmermüder Fleiß; mit Letzterem mischen sich mediterrane Charaktereigenschaften, und so empfängt Claudio Urru, ein in Esslingen am Neckar geborener Schwabe, in ganz eigener und uneitler Art seine Gäste in seinem *top air*!

Medienpräsenz ist für ihn kein Selbstzweck allein. Er teilt sein Wissen mit seinen interessierten Freunden, mal in seinem Urlaub im Giardino, dann wieder beim Schleswig-Holsteinischen Gourmetfestival, ein anderes Mal mit Kindern wie Nina, unserer Titelgeberin. Freie Wochenenden widmet er Kochkursen für seine Freunde und Gäste.

Claudio Urru gibt gerne weiter. Er kommuniziert gerne sein Wissen. So erschien sein erstes Kochbuch vor einem Jahr. Schon nach wenigen Wochen war die erste Auflage vergriffen. Das nun vorliegende, neue Buch wird wieder alte und viele neue Freunde finden. Es entstand auf Reisen durch Frankreich, Italien und die USA. Enthusiasten haben Claudio Urru dabei begleitet und mit ihm Bilder und Anregungen verarbeitet.

Das Resultat, das Sie, liebe Leser, in den Händen halten, wird Sie begeistern. Ich sage es voller Stolz auf Claudio Urru! Ich wünsche Ihnen mit ihm und seinem Einfallsreichtum viel Vergnügen und: Guten Appetit!

Claus Wöllhaf • Stuttgart, im Juli 2007

Der Koch, das Team, das Restaurant und sein Umfeld

Abschiede, wieder zu Hause ankommen, wichtige Geschäfte – Flughäfen haben ihre ganz eigene Atmosphäre. Das *restaurant top air* im Flughafen Stuttgart ist gleichermaßen stille Oase und gesellschaftlicher Brennpunkt. Geschäftsreisende sind meist sehr gute Küche gewohnt und erwarten auch einen hohen Standard in puncto Service. Dass das *restaurant top air* diesen Ansprüchen gerecht wird, hat ihm neben dem internationalen Publikum auch viel heimische Stammkundschaft beschert.

Claudio Urru trägt eine große Verantwortung, ein Vermächtnis, das ihm seine Vorgänger hinterlassen haben. Seit 1992 wird das *restaurant top air* nun schon Jahr für Jahr mit einem Stern vom Michelin ausgezeichnet. Erkocht hatte diesen erstmals Martin Öxle. Ihm folgten als Küchenchef Alex Seifermann, dann Rainer Sigg. Unter Rainer Sigg war Claudio Urru zuletzt Sous-Chef und als der erste Koch das *top air* verließ, übernahm der junge Sous-Chef sehr forsch und pragmatisch das Ruder im besten Restaurant der Wöllhaf-Gruppe.

Der Stern blieb auch nach dem Wechsel und die Qualität von Küche und Service verbessert sich stetig … Die Küche ist so international und anspruchsvoll wie ihre Gäste. Geschäftsreisende, die in der ganzen Welt herumkommen und Hervorragendes zu schätzen wissen, prägen den Anspruch.

Viele Airports bieten Spitzengastronomie – sollte man deshalb meinen. Allerdings war das *restaurant top air* lange Zeit das einzige mit Stern ausgezeichnete Restaurant auf Europas Flughäfen.
Das *Maxim's* auf dem Flughafen Orly bei Paris darf sich nach einigen Jahren Unterbrechung wieder mit

Mit einem recht jungen ambitionierten Team in seiner Küche zaubert Claudio Urru seit vielen Jahren Tag für Tag kulinarische Highlights.
Das Küchenteam von links nach rechts: Tobias Schlimbach, Tamara Baur, Tobias Scheu, Priska Opferkuch, Stephen Riedlinger, Claudio Urru, Patrik Lund.

Die unmittelbare Nähe zum Rollfeld beflügelt die Köche sicherlich und dem Gast beschert sie eine imposante Aussicht. Ein Ambiente, wie es in Deutschland kein zweites Sternerestaurant zu bieten hat.

einem Michelin-Stern schmücken und seit 2003 auch das *Hangar 7* unter Patron Eckhard Witzigmann und dem Chefkoch Roland Trettl.

In Deutschland der Einzige und in ganz Europa nur noch zwei weitere Kollegen – ein exklusiver Kreis also.

Hohe Ansprüche, Selbstbewusstsein und Power ohne Ende …

… das sind die Triebfedern, die Claudio Urru beschleunigen und beständig am Laufen halten.

Er denkt schnell, spricht schnell und tut schnell.

Gemächlichkeit ist seine Lebensmaxime nicht.

Lieber sportliche Limousine statt Minivan; lieber vollverkleidete Rennmaschine statt Chopper;

Kein Spaziergang für die jungen Köche und Auszubildenden um Claudio Urru, aber es gibt viel zu lernen. Der tägliche Umgang mit Premiumprodukten, die gute Ausstattung und ein junger experimentierfreudiger Chefkoch sind eine gute Basis für den Start in diesen Beruf.

Hart arbeiten und hart feiern – die Stimmung in Claudio Urrus Küche ist gut

lieber hard & heavy statt Haydn oder Hindemith. Das Tempo, das er vorlegt, verlangt er auch von seinem Team. Wenn es in der Küche hoch hergeht, muss alles Hand in Hand gehen. Um im Rennsport zu bleiben: das Team muss wie beim Boxenstopp funktionieren – jeder weiß, was zu tun ist, und erledigt seine Arbeit schnell, zuverlässig und eigenverantwortlich. Zeit zum Verschnaufen, zum Reden und zum Feiern gibt's nach der Arbeit – viel verlangen, aber im Gegenzug genauso großzügig geben.

Der Umgangston in Claudio Urrus Küche ist direkt und offen, für diskrete Diplomatie ist hier nicht der passende Ort. Das gefällt dem jungen Team. Es gibt viel zu lernen und die Bedingungen in der Küche sind

Service in der Sterne-Gastronomie – die Visitenkarte des Restaurants. Besonders durch die vielen internationalen Gäste sind die Anforderungen im *restaurant top air* sehr hoch.

hervorragend – als Flaggschiff der Wöllhaf-Gruppe kann man, was Zutaten und Ausstattung angeht, aus dem Vollen schöpfen.
Der Küchenchef ist jung und experimentierfreudig und bringt von den vielfältigen Kochevents und Einladungen als Gastkoch ständig neue Anregungen mit, die es akribisch umzusetzen gilt. Vorsichtige Anleihen bei der angesagten Molekularküche gibt es schon, allerdings bedeuten »neue« Zutaten bei Claudio Urru viel öfter eine Verbesserung der Grundzu-

Konzentriert und souverän – und alles garniert mit einem Lächeln ...

Der erste Eindruck prägt, der letzte Eindruck bleibt!
Das Dessert ist der krönende Abschluss eines Menüs. Nirgends isst das Auge so mit wie gerade hier.

taten. Claudio Urru ist beständig auf der Suche nach dem noch besseren Produkt. Getreu dem Motto: das Bessere ist der Feind des Guten. Vielleicht blitzt da zwischen den südländischen Wurzeln des Claudio Urru die Akribie und die Beharrlichkeit des schwäbischen Tüftlers durch. Überhaupt ist diese Melange aus südländischem Temperament und Lebensart und der Bodenhaftung seiner Heimat eine exzellente Basis für seinen Erfolg in der Küche, den lockeren Umgang mit seinem Team und die Zielstrebigkeit, mit der er seine vielfältigen Ideen vorantreibt.

In der Pattiserie des *restaurant top air* entstehen durch Tamara Baur kleine Kunstwerke. Nicht nur für den Gaumen, auch für das Auge. Im Englischen gibt es den Ausdruck »eye-candy« – Süßes für das Auge …

Erfolg braucht ein starkes Team

In der Küche hat sich um Claudio Urru ein starkes Team gebildet. Die Fluktuation ist gering, was einerseits ein Zeichen für die richtige Stimmung in der Küche ist und andererseits die konstant hohe Leistung des *restaurant top air* erklärt.

Dass »draußen«, im Restaurant alles wie am Schnürchen läuft, dafür sorgt der Restaurantleiter und Sommelier Ralf Pinzenscham.

Der gebürtige Franke hat den Service und seinen exquisiten Weinkeller bestens organisiert. Er wirkt überaus freundlich und souverän.

Ralf Pinzenscham, Herr über den gut sortierten Weinkeller und der perfekte Gastgeber

Ralf Pinzenscham und Claudio Urru arbeiten nun schon seit 1995 zusammen und sehen sich vom frühen Vormittag bis in die späte Nacht hinein – das schweißt zusammen. Claudio Urru sagt: »... er hält mir den Rücken frei. Ich hab am Tag tausend Ideen und ich sag ihm ein Stichwort und er macht ...«. Dabei verdreht Claudio Urru ein bisschen die Augen, weil er wohl weiß, dass er nicht immer ganz einfach ist.
Da haben sich offensichtlich zwei gefunden – Motor und Getriebe – um wieder im Rennsport zu bleiben.

Ralf Pinzenscham, Restaurantleiter und Sommelier: »Der klar definierte Küchenstil von Claudio Urru erleichtert mir die Auswahl der Weine erheblich. Wobei natürlich auch persönliche Vorlieben und gesammelte Erfahrungen bei der Wahl eine wichtige Rolle spielen. Aufgrund unserer langjährigen Zusammenarbeit habe ich ein perfektes Gefühl für die Küche von Claudio Urru entwickelt.
Bei der Zusammenstellung der Weinkarte ist neben der Kompatibilität zu der Küche von Claudio Urru die Typizität der Weine wichtig. Dabei orientiere ich mich nicht an modischen ›gemachten‹ Weinen.
Die Weine sollten ein ›Sprachrohr‹ der Herkunft sowie der Philosophie des Winzers sein. Die Weine dürfen ruhig Ecken und Kanten haben. Klasse statt Masse, was sich überhaupt nicht über den Preis definiert.
Dabei liegen mir die deutschen Rieslinge sowie die Weine Frankreichs, vorzugsweise die Weine Burgunds, sehr am Herzen. Ergänzt wird die Auswahl durch eine Selektion österreichischer, spanischer, italienischer, kalifornischer und australischer Weine.«

Wenn beides harmoniert, gibt's guten Vortrieb.
Dass Sommelier und Restaurantleiter an sich schon eine tagesfüllende Aufgabe ist, das scheint Ralf Pinzenscham nicht sonderlich zu belasten. Selbst nach einem Tag mit normaler Tischbelegung und einem Fototeam in Küche und Restaurant. Nach Umdekorierungsmaßnahmen für Fotoaufnahmen und Fragen nach Bügeleisen und Extra-Porzellan und -Gläsern wirkt er am Abend vor der Kamera ruhig und souverän. Auch ohne Jackett und mit offener Krawatte, beim wohlverdienten Gläschen Wein, wenn alle Gäste längst auf dem Heimweg sind, ist Ralf Pinzenscham noch der perfekte gut gelaunte Gastgeber.
Hier fühlt man sich wohl und gut aufgehoben – Gastfreundschaft, die Spaß macht, jenseits aller Sterne und Auszeichnungen.

Kulinarische Entdeckungsreisen

Kochen, Essen, Genießen – ein Thema überall auf der Welt. Es öffnet Türen und die Münder, oft auch die Herzen.

Nirgendwo lernt man einen Menschen so gut kennen wie auf langen Reisen – eine der Leidenschaften von Claudio Urru. Bevor er sein Geld zu Hause ausgibt, schnappt er sich lieber seine Freundin oder seine Kumpels, setzt sich ins Auto oder aufs Motorrad und düst los.
Eine weitere große Leidenschaft: Speed! Schnelligkeit, ob auf vier oder nur auf zwei Rädern, ist die zweite Natur von Claudio Urru. Er ist gerne schnell unterwegs und hat dabei am liebsten das Steuer in der eigenen Hand. Für seine Mitreisenden ist das herrlich. An einem Tag von Stuttgart nonstop nach Paris, nach einer sehr kurzen Nacht und einem anstrengenden Tag gleich wieder hinters Steuer und ab in den Nordwesten Frankreichs, an die bretonische Küste. Zwei sonnige Tage am Meer, fachsimpeln mit Fischern und Händlern und ab geht's zurück ins Schwäbische. Fast die komplette Strecke sitzt dabei unser Chefkoch am Steuer, scheinbar ermüdungsfrei; der Mann steht unter Strom! Zwischendurch erzählt er von seinen neuesten Küchenkreationen und macht uns Appetit. So macht Reisen Spaß!

Impressionen aus New York, Norwegen,
aus Frankreich und Österreich …

... von der Mega-City New York an den nördlichen Polarkreis. Vom französischen »laisser faire« zum alpenländischen »Schau 'mer amol«.
Die Reisen waren so vielfältig und abwechslungsreich wie die Speisekarte von Claudio Urru.

Einige seiner wichtigsten Lieferanten zu besuchen, um mit eigenen Augen zu sehen, woher seine Premiumprodukte kommen, wie sie entstehen und welche Menschen dahinterstehen, das war der Ausgangspunkt zu diesem Buch. Wir haben enthusiastische Menschen getroffen. Züchter, Händler, Bauern, die wie Claudio Urru selten zufrieden sind und immer auf der Suche nach dem noch besseren Produkt. Mit viel Engagement und Herzblut und vor allem Spaß an ihrer Arbeit. Es waren sehr schöne Reisen …

Claudio Urru in seinem Element: kulinarische Entdeckungsreisen in schnellen Autos …

Unterwegs in der Bretagne

Unterwegs in der Bretagne

Eine große Landpartie

Flüge in die Bretagne – das ist schwierig! Die Flugplätze sind rar und wenn man, wie wir, auch noch dort unterwegs sein will, ist man besser mit dem eigenen Auto auf Reisen. 1.200 Kilometer – das bedeutet viele Stunden im Auto, das könnte langweilig werden. Nicht so, wenn man mit einem jungen hochmotivierten Koch auf Tour ist, der Spaß hat am Reisen und am Entdecken von kulinarischen Highlights. Claudio Urru hat tausende von Rezepten und Ideen

Eine Autofahrt in die Bretagne dauert recht lange. Mit dem richtigen Auto und einem »schnellen Koch« als Fahrer ist es dagegen eine recht kurzweilige Angelegenheit.

im Kopf und er erzählt haarklein von seinen Zutaten, seinen Fonds, Farcen, den richtigen Temperaturen und Garzeiten. Das sind große Geschmackspuzzles für den Kopf. Kulinarische Mandalas – bunt, abwechslungsreich, man kann sich beim Zuhören darin verlieren und in Gedanken kreist man ständig um den Geschmack, der am Ende stehen könnte.

Die Bretagne – der Westzipfel Europas

Die Ankunft in Le Guilvinec am Nachmittag ist wie aus dem Bilderbuch. Strahlend blauer Himmel über der Bretagne. Im Hafen liegen Fischerboote, aufgereiht am Kai wie die bunten Perlen einer Kinderkette. Morgen werden wir Gelegenheit haben, den größten Fischhändler hier am Ort zu besuchen, um dabei

Auch heute noch – wie seit Jahrhunderten – ist das Einlaufen der Fischerboote und das Löschen des Fanges ein Schauspiel …

einen Blick hinter die Kulissen zu werfen und den Fischfang und den Handel vor Ort genauer kennenzulernen.

Jetzt haben wir großes Glück. Ein verspätetes Fischerboot läuft gerade ein und löscht seinen Fang. Wir sind hautnah dabei und können die Meerestiere sofort begutachten. Claudio Urru ist begeistert, seine Augen leuchten, als er die riesigen Langusten in den Kisten sieht. Im Einzelhandel bekommt man solche Tiere gar nicht erst angeboten und selbst Claudio Urru sieht solche Prachtexemplare nicht jeden Tag in seiner Sterneküche. Frischer geht's wirklich nicht. Außer den Langusten und Krebsen bringen die Männer vor allem Thunfisch an Land.

Die Kisten füllen sich zuerst mit einer Menge Eis, dann werden die Thuns auf das kalte Bett gelegt,

... das lassen sich sowohl Einheimische als auch Touristen nicht entgehen. Wer die Fischer kennt, kann sich direkt am Hafen seinen Fisch aussuchen und mit nach Hause nehmen.

Die einlaufenden Fischerboote – seit Jahrhunderten ein grandioses Schauspiel für das ganze Dorf

wieder eine Lage Eis und wieder Fisch. Eine Kiste nach der anderen wird auf dieselbe Art gefüllt – es scheint ein guter Fang gewesen zu sein.
Die Fischer und ihre Helfer arbeiten routiniert und sehr zügig und von der Balustrade über dem Kai schaut eine stille Menge dem Treiben zu. Sowohl für Einheimische als auch für die Touristen ist das immer wieder ein Schauspiel, wenn die Fischerboote in den Hafen einlaufen und ihren Fang auf der Hafenmole ausbreiten. In den vorangegangenen Jahrhunderten war ein guter Fang für die Fischerfamilien eine Frage des Überlebens; heute gilt das vielleicht nicht mehr ganz so direkt und prekär, ist aber immer noch entscheidend für die wirtschaftliche Situation der Menschen hier und der ganzen Region.
Am liebsten würden wir selbst gleich hier aussuchen und einkaufen, so wie der einheimische Alte, der mit seiner Plastiktüte in der Hand zwischen den Fi-

Ein herrlicher Ausblick von unserem Hotel. Direkt an den Hafenmauern gelegen und in früheren Zeiten die Villa des größten örtlichen Fischhändlers.

schern und deren Plastikwannen umher geht, hie und da einen Fisch oder ein Meerestier aus einer Wanne nimmt, genauer untersucht und wieder zurücklegt. So lange, bis er das Passende gefunden hat. Einen riesigen Krebs. Er hält ihn hoch, dreht ihn um und beäugt ihn genau von allen Seiten – ein Prachtkerl, die Scheren bewegen sich kräftig, der Alte hält sie auf Distanz. Er weiß damit umzugehen, vielleicht war er früher selbst Fischer, aber bestimmt hatte er sein Leben lang mit der Fischerei zu tun – so wie die meisten Bretonen hier an der Küste am äußersten Westzipfel Frankreichs.

Dann ruft er einem der Männer vom Boot etwas zu, wohl auf Bretonisch, denn verstehen kann man die beiden nicht. Ein kurzer Wortwechsel und ein kleiner Euroschein wechselt den Besitzer. Der Krebs wird vorsichtig in eine Tüte bugsiert und diese wird in einer anderen Tüte verstaut – Tüte in der Tüte – vielleicht ein Trick gegen unliebsame Attacken des gefangenen Tieres?

Schlemmen mit Blick aufs Meer ...

Unser Hotel liegt genau am Kai, keine zehn Schritte bis zum Meer, und durch das Vorbild des alten Fischers, hatten wir riesigen Appetit auf frischen Fisch und Meerestiere. Der Abend klingt also aus bei einem bretonischen Menü mit einem trockenen Weißwein und einem Koch am Tisch, der vor Einfällen nur so übersprudelt und uns ein Rezept nach dem anderen »auftischt« – kulinarische Fantasien mit Blick auf das Meer und die untergehende Sonne, später, ein paar Flaschen weiter, auf den Mond über dem Wasser und die aufgegangenen Sterne.

… dahinter steckt harte Arbeit

Am nächsten Morgen, kurz nach acht, büßt die Fischerromantik etwas von ihrem Zauber ein. Wir sind mit Bernard verabredet, einem Mitarbeiter von Furic Marée, der neben anderen Sprachen auch hervorragend Deutsch spricht und der deshalb alle Kunden erhält sofort ein Etikett, aus dem hervorgeht, welche Art von Fisch, wann und wo und von wem gefangen. Dieses »Schriftstück« nimmt der Fisch mit auf die Reise, bis er beim Endkunden angekommen ist. Bei Furic Marée kennen sie die Fischer, die etwa die angelgefischten bretonischen Wolfsbarsche bringen

Bernard, ein waschechter Bretone, zeigt uns das Fischereigeschäft und erzählt von Land und Leuten.

betreut, die aus diesem Sprachraum kommen. Furic Marée ist die größte Firma hier am Ort, sie handeln mit und verarbeiten Fisch. Hier beginnt der Tag spätestens um sechs Uhr. Nichts ist bei Fisch so wichtig wie Frische; 80 Mitarbeiter sind also damit beschäftigt, die Ware, die frühmorgens am Hafen angelandet wird, schnellstmöglich zum Kunden zu bringen. Das sind Zwischenhändler – auch Rungis, der Großmarkt in Paris – Einzelhändler in ganz Europa und eben auch die Top-Gastronomie und deren Lieferanten. Es sind große Mengen an Fisch, die hier jeden Tag auf die Reise geschickt werden, und die Qualität ist erstklassig. Alles, was durch die Liefertore kommt, – so kann auch Claudio Urru sicher sein, dass er die Premiumqualität erhält, die er braucht.

Bei der Eingangskontrolle wird jede Lieferung unter die Lupe genommen und was nicht in die Premiumklasse gehört, wird ausgesondert. Die Mitarbeiter in der Qualitätssicherung wissen, wie frischer Fisch aussieht, wie er riecht und sich anfühlen muss.

Es werden in dieser Phase auch Proben gezogen, die im unabhängigen Labor in Quimper, der nächstgrößeren Kreisstadt, untersucht werden. Dadurch werden auch solche Qualitätseinschränkungen ausgeschlossen, die nicht durch die erste Inspektion erkannt werden.

Dass ein Fisch so schnell und sauber filetiert werden kann, haben wir noch nie gesehen. Es gibt auch eine Maschine dafür, erklärt uns Monsieur Bernard, aber die hat sich nie richtig durchgesetzt.

So unterschiedlich wie die Kunden, so vielfältig ist auch die Verarbeitung der Fische und Meerestiere. Etwa 60 verschiedene Arten gehören zum Sortiment. Manche werden nur verpackt und gleich wieder auf die Reise geschickt, sie sind beispielsweise in der Nacht schon in Rungis und werden da zum Kauf angeboten – keine 24 Stunden, nachdem sie in Le Guilvinec an Land gebracht worden sind.
Andere Fische werden ausgenommen weiterverkauft, wieder andere kommen filetiert und quasi pfannenfertig beim Kunden an. Ein Großteil der 80 Mitarbeiter ist mit dem Verarbeiten der Fische beschäftigt. Das ist bis heute nach wie vor in der Hauptsache Handarbeit. Hier in den Hallen ist es

Heute gefangen und schon 48 Stunden später in der Küche von Claudio Urru

kühl, feucht und die großen Fische sind schwer, kein Zuckerschlecken also, hier zu arbeiten. Wie Bernard erzählt, gibt es zwar eine Filetiermaschine, seit über vier Jahren, aber sie kommt nur selten zum Einsatz. Sie ist nur einsetzbar für eine Art von Fisch und für Tiere von ungefähr gleicher Größe. Die Qualität der Arbeit ist aber nicht zu vergleichen mit der eines versierten Mitarbeiters. Die Schnelligkeit, mit der hier gearbeitet wird, ist beeindruckend, außerdem wird auch hier noch einmal selektiert – nur die Premium-Qualität kommt in den direkten Verkauf.

Die Führung durch die Hallen dauert bis zum Mittag. Oft bleibt Claudio Urru stehen und nimmt einen besonders großen Fisch, einen Hummer oder eine Languste in die Hand und begutachtet sie mit Kennerblick. Die Ware, die jeden Tag in seinem Restaurant angeliefert wird, ist erstklassig – jetzt weiß er aus erster Hand, woher sie kommt, wie sie behandelt wird und welche logistische Leistung dahintersteckt, wenn die Ware vom bretonischen Fischer bis zu ihm nur wenige Zwischenstationen durchlaufen muss und schon ein bis zwei Tage später auf seinem Schneidebrett liegt – Minuten später kann der Gast das fertige Gericht genießen.

Mahlzeit auf französisch ...

Von Bernard lassen wir uns ein Lokal empfehlen, das von einheimischen Arbeitern besucht wird. Wir müssen zehn Minuten fahren, weg von der Küste ins nahe Hinterland. Die »Windrose« scheint der einzige Gasthof in einem 100-Seelen-Dorf. Eine Durchgangsstraße, eine Kreuzung – ein Ort, an den wir ohne Empfehlung wahrscheinlich nicht eingekehrt wären. Wir werden in einer dämmrigen Kneipe begrüßt, hier stehen nur Franzosen in kleinen Gruppen zusammen, trinken ein Bierchen oder einen Weißwein zur Mittagspause. Die Bedienung platziert uns auf die wenigen freien Stühle. Die Franzosen am Tisch schauen nur kurz auf, grüßen knapp und wenden sich wieder ihrem Essen oder dem Gegenüber zu. Erst auf den zweiten Blick fällt auf, dass die Bedienung die einzige Frau im ganzen Gasthaus ist. Man fragt sich unwillkürlich, ob die archaische Geschlechtertrennung hier noch fortbesteht und ob das etwas mit der Fischerei, der harten Arbeit auf dem Meer zu tun hat? Oder mit dem alten Aberglauben, dass eine Frau auf dem Schiff Unglück bringt und deshalb die Männer unter sich bleiben, auf den Fischerbooten und auch später an Land? Traditionen halten sich lange, oft auch wenn der ursprüngliche Grund längst an Bedeutung verloren hat.

Claudio Urru ist beeindruckt von dem riesigen Angebot an sehr guter Qualität, die hier zur Versteigerung angeboten wird.

Wie die Händler zu ihrer Ware kommen – professionelle Fischversteigerungen

Am Nachmittag nimmt uns Bernard auf eine Versteigerung mit. Hier bieten die bretonischen Fischer ihre fangfrische Ware direkt den Einkäufern der Handelskontore an. Die Versteigerungen sind gut organisiert. In vielen Fischereidörfern entlang der Küste gibt es direkt am Hafen, wo die Fischerboote anlanden, große Hallen, wo diese Versteigerungen stattfinden. Die Einkäufer der großen Fischhändler kennen die Hallen, wissen die festen Uhrzeiten und wissen, was ihre Firma an diesem Tag noch für Bestellungen reinbekommen hat. So fahren sie also mit einer festen Vorstellung von dem, was sie kaufen wollen, jeden Nachmittag los.

Die Fischer, die hier ihre Ware feilbieten, sind mit kleineren Booten seit dem frühen Morgen draußen auf See, sie bringen am Nachmittag ihren Tagesfang nach Hause. Die Fische und Meerestiere sind schon

Hier kaufen die großen Fischhändler direkt vom gerade eingelaufenen Kutter den Tagesfang der Fischer.

in Kisten sortiert und die sind mit dem Namen des Bootes gekennzeichnet. Alle Kisten werden in der Halle aufgereiht – eine Reihe, ein Fischer.

Wenn Sie je die Gelegenheit haben sollten, so einer Versteigerung beizuwohnen – tun Sie es, es ist ein Spektakel. Sie selbst können nichts kaufen, das ist den registrierten Einkäufern der Großhändler vorbehalten, aber Zuschauer stören nicht, manchmal hat man sogar das Gefühl, die Einkäufer fühlen sich animiert, die Ersteigerung noch ein wenig lebhafter zu gestalten. Wenn Sie also eine große Halle sehen, in der offensichtlich Fische zum Verkauf angeboten werden, lassen Sie sich durch die offizielle Anmutung nicht abschrecken.

Größere Schiffe mit mehr Besatzung fahren weiter raus und bleiben länger auf See. Die Bretonen waren schon früh mit ihren Booten bis nach Schottland oder noch höher im Nordmeer unterwegs. In vielen Läden und Restaurants hängen alte Schwarz-Weiß-Bilder – Fischerboote, die aufgereiht am Strand liegen und so klein wirken, dass man nicht glauben mag, dass sie damit aufs offene Meer segelten. Auch heute kein einfaches Geschäft für Schiffseigner und Kapitäne. Wer solch einen größeren Kutter besitzt und für einen Fischzug in See stechen will, muss zuerst die Mannschaft anheuern, das Schiff betanken und mit Lebensmittel und allem Notwendigen ausrüsten – einige 10.000 Euro muss der Kapitän dafür vorlegen. Dann, nach 14 Tagen auf hoher See und sehr harter Arbeit in Kälte und Feuchtigkeit, geht's zurück in den Heimathafen. Was dann im Bauch des Kutters auf Eis liegt, muss die Kosten decken und den Familien der Crew das Auskommen sichern. Kein

Hafenimpressionen aus der Bretagne ... Boote, Fisch und Fischer, das Wetter und der Fang sind immer noch die wichtigsten Themen bei den Menschen. Das Leben spielt sich am Hafen ab. Hier sitzt man zusammen, macht seine Geschäfte, trinkt seinen kühlen Weißwein, beobachtet das Meer und die Touristen.

sorgenfreies Leben bei ständig steigenden Kosten für Treibstoff und immer größerer Konkurrenz durch die großen Fangflotten einiger Konzerne. Auch die Überfischung macht sich bemerkbar – immer aufwendiger und zeitraubender wird die Suche nach guten Fanggründen.

Die Ware, die Claudio Urru verarbeitet, ist oft »angelgefischt«, etwa der Wolfsbarsch, den er regelmäßig auf der Karte hat. Mein Bild dazu war bisher von Hemingway und Anthony Quinn geprägt, vielleicht etwas weniger dramatisch, aber so in der Art. Ein alter bretonischer Fischer in seinem Boot, der Stunde um Stunde seine Angel ins Wasser hält und wartet, dass etwas beißt. Diese Vorstellung kann ich, dank Bernard, nun auch endlich über Bord werfen. Die Technik, so erklärt er uns, ist etwas effizienter: Die Angel ist in dem Fall nämlich eine lange Leine mit Schwimmkörpern, die von dem Fischer ausgebracht wird. An dieser Leine sind in regelmäßigem Abstand die Angelschnüre mit den Ködern befestigt. Auf diese Weise können in einem Durchgang gleich mehrere Köder ausgebracht werden – am nächsten Tag werden die Angelleinen kontrolliert und der Fang eingebracht. Eine sehr aufwendige Art, Fische zu fangen, aber sie garantiert sehr gute Qualität – eben das, was Köche wie Claudio Urru brauchen.

Bretonische Sardinen mit glasiertem Pulpo, Minipaprika und Schaum von Büffelmozzarella

Bretonischer Hummer und Jakobsmuscheln mit gebratenen Romanaherzen und Vanille-Apfeljus

St.-Peter-Fisch und Bretonischer
Hummer mit Fenchelgelee, karamellisiertem
Knoblauch und Krustentierschaum

Gebratene Jakobsmuscheln mit
zweierlei Püree und Imperial-Kaviar

Bretonische Langostinen mit glasiertem
grünem Spargel, Imperial-Kaviar und gelierter
Mandelmilch

Bretonischer Steinbutt und Langostinen mit
cremiger Polenta und Périgord-Trüffel

Bretonische Sardinen mit glasiertem Pulpo, Minipaprika und Schaum von Büffelmozzarella

Bretonische Sardinen mit glasiertem Pulpo, Minipaprika und Schaum von Büffelmozzarella

Pulpo

500 – 650 g frischer geputzter Pulpo
100 ml natives Olivenöl
Thymian, Knoblauch, Basilikumstiele
3 Tomaten
3 Schalotten, gebräunt mit Schale
100 g Champignons
100 g Karotten
100 g Fenchel
50 ml Balsamico
Salz, Pfeffer, Limone

Das Gemüse und alle Kräuter in Olivenöl leicht Farbe nehmen lassen. Mit Essig ablöschen.

Pulpo hinzufügen, würzen und mit so viel Wasser auffüllen, bis der Pulpo bedeckt ist. Die Kochzeit richtet sich nach der Größe des Tieres. Es soll nur leicht köcheln, etwa 1 bis 2 Stunden. Dann sollte der Pulpo sehr weich gekocht sein.

Beim Anrichten die Beine in schöne Scheiben schneiden und in wenig Fond glasieren.

Sardinen

18 Sardinenfilets
einen Thymianzweig
eine Knoblauchzehe
Salz, Pfeffer, etwas Mehl
Olivenöl zum Braten

Die Filets leicht würzen und auf der Hautseite leicht mehlieren. In nicht zu heißem Öl mit Kräutern und Knoblauch und nur auf der Hautseite kross braten.

Gebackene Minipaprika

6 Minipaprika
2 Knoblauchzehen
Thymian- und Rosmarinzweig
natives Olivenöl
Salz und Pfeffer

Die Paprika waschen, würzen und mit allen Kräutern in Alufolie einschlagen und bei etwa 180 °C auf der mittleren Schiene des Backofens garen. Das dauert je nach Größe etwa 20 Minuten.

Mozzarellaschaum

110 g frischer Büffelmozzarella
80 ml Mozzarellawasser
70 ml Sahne
120 ml Milch
Knoblauch und Basilikumstiele
Salz, Pfeffer, Limone

Sahne, Milch und Mozzarellawasser mit den Aromaten aufkochen, abschmecken. Dann den Mozzarella hinzufügen und fein mixen.

Abpassieren durch ein Haarsieb und nochmals abschmecken. Vor dem Servieren schön aufschäumen.

Anrichten

Die Sardinen in die Mitte des warmen Tellers legen. Dann den Pulpo zu beiden Seiten verteilen.

Anschließend die geschmorte Paprika daransetzen und mit dem Mozzarellaschaum und etwas Thaibasilikum ausgarnieren.

Bretonischer Hummer und Jakobsmuscheln mit gebratenen Romanaherzen und Vanille-Apfeljus

Bretonischer Hummer und Jakobsmuscheln mit gebratenen Romanaherzen und Vanille-Apfeljus

Bretonischer Hummer

3 Hummer à 450 g
Olivenöl
1 EL Butter

Das Wasser zum Kochen bringen und die Hummer etwa 40 Sekunden leicht köcheln lassen. Anschließend herausnehmen, die Scheren abtrennen und nochmals für 3 – 4 Minuten im Wasser weiterziehen lassen.

In der Zwischenzeit den Schwanz von der Innenseite her der Länge nach halbieren und ein Stück des Panzers entfernen. Den Darm entfernen und leicht abwaschen.

Die Scheren mit einem großen Messer aufschlagen und das Fleisch herausbrechen und ebenfalls leicht abwaschen.

Kurz vor dem Anrichten den Hummerschwanz und die Scheren in Olivenöl und einem Esslöffel Butter leicht erwärmen und würzen. (Dieser Vorgang dauert etwa 3 – 4 Minuten, es sollte dabei eine Nussbutter entstehen.)

Glasierte Romanaherzen

3 Romanaherzen
20 g Schalottenbrunoise
50 g Butter
20 g Speckbrunoise (aus Parmaschinken)
1 TL gehackte Petersilie
2 EL Geflügeljus
Salz, Pfeffer

Zubereitung wie »Glasierter Kopfsalat« (Rezept von Seite 153).

Jakobsmuscheln

12 ausgebrochene Jakobsmuscheln
2 EL natives Olivenöl
20 g Butter
Limonensaft
Salz, Pfeffer

Die Jakobsmuscheln trockenlegen und in heißem Olivenöl kurz von beiden Seiten anbraten. Eine leichte Bräunung ist dabei erwünscht.

Zum Abschluss würzen – einen Tropfen Limone dazu und in Butter die Jakobsmuscheln nochmals kurz aufschäumen lassen.

Vanille-Apfeljus

100 ml Saft vom grünen Apfel (Entsafter)
1 TL brauner Zucker
25 g Butter
¼ Vanillestange
80 ml Geflügeljus

Apfelsaft, Vanille und Zucker um die Hälfte einkochen.

Dann die Geflügeljus dazugeben und auf die gewünschte Konsistenz einkochen. Zum Schluss die gekühlte Butter einmontieren.

St.-Peter-Fisch und Bretonischer Hummer mit Fenchelgelee, karamellisiertem Knoblauch und Krustentierschaum

St.-Peter-Fisch und Bretonischer Hummer mit Fenchelgelee, karamellisiertem Knoblauch und Krustentierschaum

Hummer

2 kleine Bretonische Hummer
Olivenöl
1 EL Butter

Die Hummer etwa 40 Sekunden leicht köcheln lassen, anschließend herausnehmen und die Scheren abtrennen. Diese nochmals 3 – 4 Minuten im Wasser weiterziehen lassen.

In der Zwischenzeit den Schwanz von der Innenseite her der Länge nach halbieren und ein Stück des Panzers entfernen. Den Darm entfernen und leicht abwaschen.

Die Scheren mit einem großem Messer aufschlagen und das Fleisch herausbrechen und leicht abwaschen. Kurz vor dem Anrichten den Schwanz und die Scheren in Olivenöl und einem Esslöffel Butter leicht erwärmen und würzen. (Dieser Vorgang dauert etwa 3 – 4 Minuten, es sollte dabei eine Nussbutter entstehen.)

Safran-Fenchelgelee

500 g Fenchel
50 ml natives Olivenöl
500 ml Mineralwasser
10 – 12 Fäden Safran
375 ml Fenchelfond
1 g Agar-Agar
Salz, eine Prise Curry

Fenchel in kleine Stücke schneiden und in Olivenöl leicht anschwitzen. Mit Wasser auffüllen, den Safran zugeben und abgedeckt langsam weich kochen. Anschließend mixen und durch ein Passiertuch ablaufen lassen.

375 ml Fenchelfond aufkochen und abschmecken, Agar-Agar zugeben und langsam aufkochen. Etwa 2 Minuten köcheln lassen und dann in eine Form gießen, etwa 6 mm dick, und für 4 – 5 Stunden kalt stellen.

Vor dem Anrichten in kleine Würfel schneiden oder kleine Kreise ausstechen. Durch Agar-Agar hält der Gelee auch auf einem warmen Teller.

St.-Peter-Fisch

6 Tranchen St.-Peter-Fisch à 100 g
60 g Butter
1 EL natives Olivenöl
Salz, Pfeffer, Limone
einen Thymianzweig
eine Knoblauchzehe, zerdrückt

St.-Peter-Fisch leicht würzen und in Olivenöl ein wenig anbraten. Dann Butter zugeben und diese aufschäumen lassen.

Den Fisch permanent mit der Butter-Öl-Mischung übergießen. So gart er von allen Seiten schön gleichmäßig. Zum Schluss einen Spritzer Limone darüber. Glasig gebraten wäre perfekt.

Karamellisierter Knoblauch

18 geschälte Knoblauchzehen
2 EL Olivenöl
300 ml Milch
einen Thymian- und einen Rosmarinzweig
1 EL Apfelbalsamico
2 EL Zucker
2 EL Sahne

Die Zehen in Olivenöl anschwitzen und würzen. Milch aufgießen, Kräuter zugeben, langsam gar ziehen lassen. Zehen rausnehmen und kalt abwaschen. Zucker karamellisieren, mit flüssiger Sahne ablöschen und mit Essig verfeinern. Darin den Knoblauch glasieren.

Anrichten

Den Fenchelgelee auf einem warmen Teller leicht links anlegen. In die Mitte des Tellers legen Sie den glasierten Fenchel. Den Hummer und den St.-Peter-Fisch anlegen. Dazwischen legen sie den karamellisierten Knoblauch an.

Als Schaum empfehle ich einen leichten Krustentierschaum.

Gebratene Jakobsmuscheln mit zweierlei Püree und Imperial-Kaviar

Gebratene Jakobsmuscheln mit zweierlei Püree und Imperial Kaviar

Jakobsmuscheln

18 ausgebrochene Jakobsmuscheln
4 EL natives Olivenöl
40 g Butter
Limonensaft
Salz, Pfeffer

Die Jakobsmuscheln trockenlegen und in heißem Olivenöl kurz von beiden Seiten anbraten. Eine leichte Bräunung ist erwünscht.

Zum Abschluss würzen, einige Tropfen Limone dazu. Mit der Butter nochmals aufschäumen lassen – fertig.

Rote Bete

6 kleine gekochte Rote Bete
Salz und Pfeffer
ein wenig Mondamin

Die frisch gekochten Rote Bete noch warm schälen und dann auf einer Aufschnittmaschine oder mit einem scharfen Messer in gleichmäßig dünne Scheiben schneiden.

Anschließend mit einem runden Ausstecher ausstechen.

Die überschüssigen Teile im Thermomix zu Püree verarbeiten. Wenn nötig etwas Gemüsebrühe zugeben und mit Salz, Pfeffer und Limone abschmecken.

Um eine schöne Cremigkeit zu erreichen, das Püree aufkochen und mit wenig Mondamin abbinden – ein homogenes Püree ist perfekt.

Kaviar

50 g iranischer Imperial-Kaviar

Davon sechs kleine Nocken abstechen.

Anrichten

Die Rote-Bete-Scheiben zu einem Fächer legen, darauf das Rote-Bete-Püree anrichten. Neben dem Fächer richten Sie das Schwarzwurzelpüree an. Dazwischen legen sie die gebratenen Jakobsmuscheln.

Zum Schluss legen Sie die Kaviar-Nocken auf das Schwarzwurzelpüree. Zur geschmacklichen Abrundung noch ein wenig reduzierte Kalbsjus dazugeben.

Schwarzwurzeln

500 g geschälte Schwarzwurzeln
50 g Schalottenbrunoise
20 g Butter
150 ml Fischfond
150 ml Sahne
50 g Crème fraîche
Salz, Pfeffer, Cayenne und Limone

Die geschälten Schwarzwurzeln in Salzwasser blanchieren. In kleine Stücke schneiden und mit Schalotten in Butter anschwitzen und würzen.

Mit Fischfond auffüllen und um die Hälfte einkochen lassen. Sahne und Crème fraîche zugeben, nochmals aufkochen und anschließend im Thermomix fein mixen und nochmals abschmecken.

Bretonische Langostinen mit glasiertem grünem Spargel, Imperial-Kaviar und gelierter Mandelmilch

Bretonische Langostinen mit glasiertem grünem Spargel, Imperial-Kaviar und gelierter Mandelmilch

Gebratene Langostinen

12 Langostinenschwänze à 30 g
4 EL natives Olivenöl
eine Knoblauchzehe
einen Zweig Thymian und Rosmarin
Salz, Pfeffer

Die Langostinenschwänze von ihrem Panzer befreien, mit Salz und Pfeffer würzen und in einer Pfanne mit Olivenöl und den Kräutern jeweils eine Minute von beiden Seiten anbraten (glasig gebraten ist perfekt).

Pfifferlinge

150 g geputzte Pfifferlinge
25 g Butter
1 TL gehackte Blattpetersilie
1 TL Schalottenbrunoise
Salz, Pfeffer

Die Pfifferlinge in Butter anschwitzen und mit Salz und Pfeffer würzen. Dann die Schalotten und die Petersilie zugeben.

Kaviar

50 g iranischer Imperial-Kaviar

Davon sechs kleine Nocken abstechen.

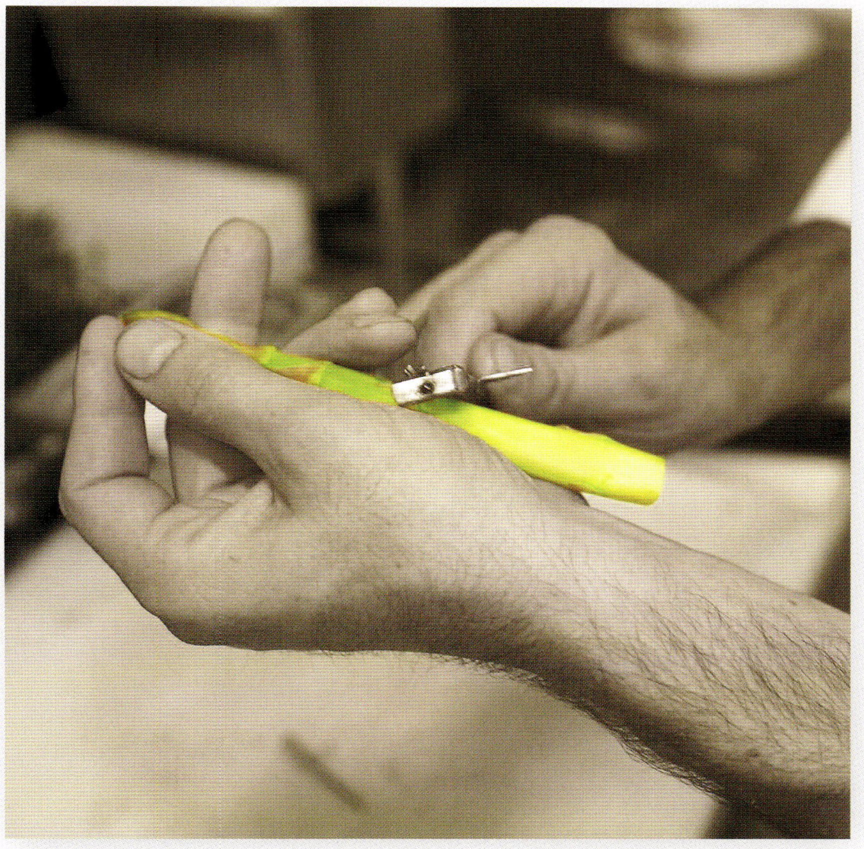

Gelierter Mandelsulz

500 g ganze Mandeln
500 ml Mineralwasser
ein Blatt Gelatine
eine Prise Salz, Cayenne und Limone

Die Mandeln in Mineralwasser mindestens drei Tage einweichen. Dann alles im Thermomix mixen und anschließend die Masse durch ein Passiertuch pressen.

Die gewonnene Mandelmilch ganz leicht abschmecken mit Salz, Cayenne und Limone.

Auf 120 ml Mandelmilch kommt ein Blatt Gelatine – es soll nur ganz leicht gelieren.

Spargel

6 kleine Bund grüner Minispargel

Die Enden vom Spargel ein Stück abschneiden, dann die Spargelstangen in Salzwasser blanchieren und abschrecken.

Bis zur weiteren Verwendung trockenlegen. Kurz vor dem Anrichten den Spargel in wenig Butter und Fond glasieren.

Anrichten

Die Pfifferlinge und den Spargel auf einem warmen Teller leicht verteilen. Dann die Langostinen anlegen.

Den Mandelsulz in ein kleines Gefäß füllen, Kaviar dazugeben und mit auf den Teller stellen.

Abschließend mit wenig Geflügeljus nappieren.

Bretonischer Steinbutt und Langostinen mit cremiger Polenta und Périgord-Trüffel

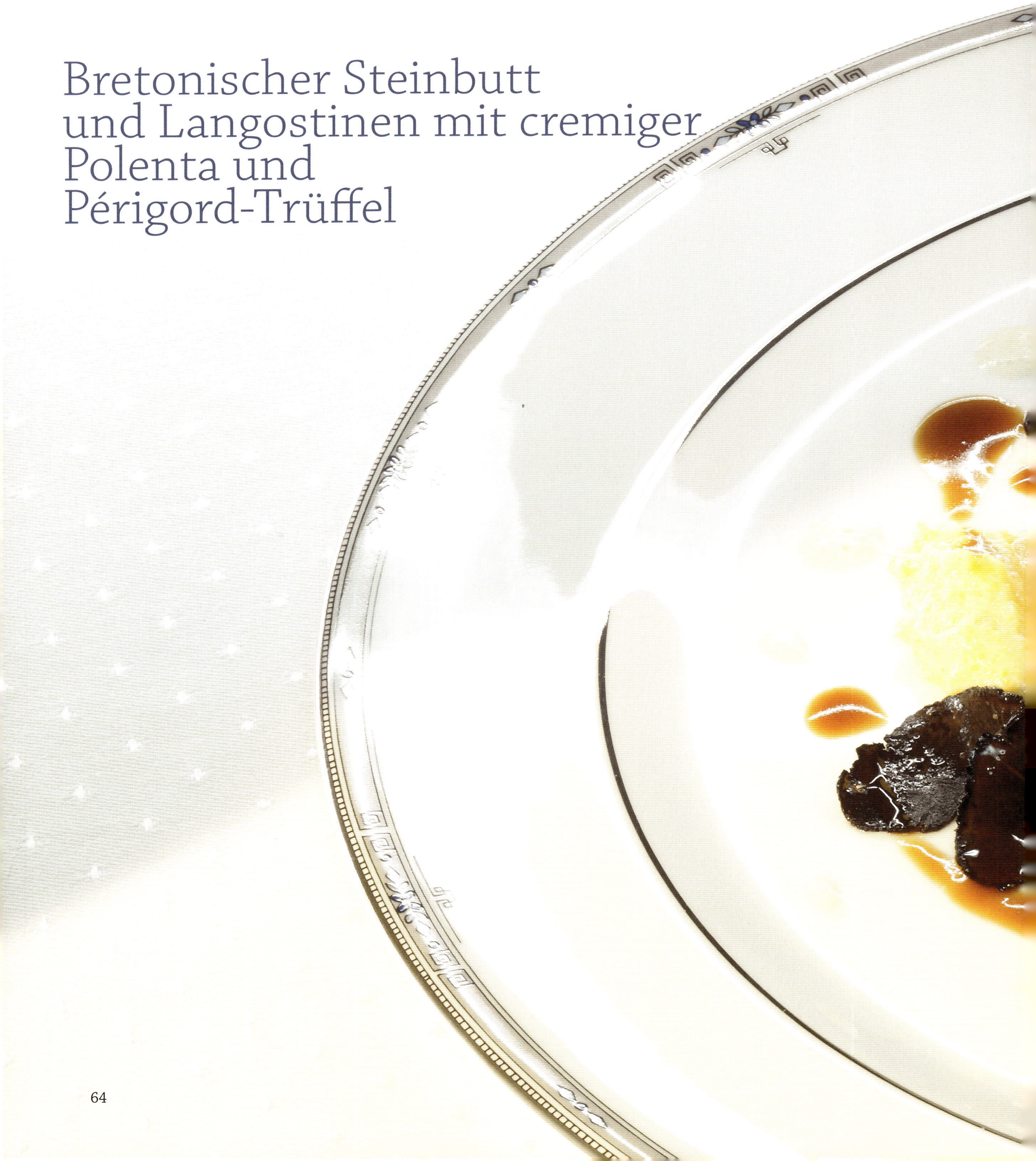

Bretonischer Steinbutt und Langostinen mit cremiger Polenta und Périgord-Trüffel

Atlantik-Steinbutt

6 Tranchen Atlantik-Steinbutt à 100 g
60 g Butter
25 ml natives Olivenöl
einen Thymianzweig
eine zerdrückte Zehe Knoblauch
Salz, Pfeffer, Limone

Den Steinbutt leicht würzen und in Olivenöl ein wenig anbraten, dann Butter und Kräuter zugeben und aufschäumen lassen.

Den Steinbutt permanent mit der Butter-Öl-Mischung übergießen. So gart er von allen Seiten schön gleichmäßig. Zum Schluss einen Spritzer Limone darüber – glasig gebraten wäre perfekt.

Polenta

1 EL Schalottenbrunoise
einen Zweig Thymian
eine zerdrückte Zehe Knoblauch
25 g Butter
300 ml Milch
50 g Maisgrieß
20 g geriebener Parmesan Reggiano
1 EL geschlagene Sahne
Salz, Muskat

Die Schalotten in Butter anschwitzen, Kräuter zugeben und mit Milch auffüllen – aufkochen und abschmecken. Etwa 5 Minuten ziehen lassen und anschließend abpassieren.

Nochmals aufkochen. Unter ständigem Rühren den Parmesan und den Maisgrieß einrühren. Einmal aufkochen lassen, dann abdecken und eine halbe Stunde an einem warmen Ort quellen lassen.

Zum Schluss die Polenta kräftig aufrühren und mit der geschlagenen Sahne verfeinern.

Beilage

etwa 25 g Périgord-Trüffel (frisch oder als Konserve)
gedünsteter junger Blattspinat

Gebratene Langostinen

6 Langostinenschwänze à 30 g
2 EL natives Olivenöl
eine Knoblauchzehe
ein Thymian- und ein Rosmarinzweig
Salz, Pfeffer

Die Langostinenschwänze mit Salz und Pfeffer würzen und in einer Pfanne mit Olivenöl und den Kräutern jeweils eine Minute von beiden Seiten anbraten (glasig gebraten ist perfekt).

Anrichten

In die Mitte des warmen Tellers geben Sie die Polenta. Dann setzen Sie die Steinbutt-Tranchen darauf. Auf den Spinat setzen Sie die Langostino. Dann hobeln Sie ein wenig Trüffel darüber.

Als Abrundung ist ein wenig reduzierter Kalbsjus perfekt oder ein leichter Gänsestopfleberschaum.

Rungis – »der Bauch von Paris«

Rungis – »der Bauch von Paris«

Rungis aus der Luft. Eine Stadt für sich und deutlich größer als der Pariser Vorort, der Namensgeber für diesen weltgrößten Lebensmittelmarkt war.

Gigantisch!

Waren Sie auf der Expo 2000? Ja? Haben Sie alles gesehen? Nein? Zu groß sagen Sie, ein riesiges Gelände? In der Tat, das Messegelände in Hannover ist das größte weltweit! 27 Messehallen, 496.000 Quadratmeter überdachte Fläche.

Oder kennen Sie Bitterfeld? Eine Kreisstadt in Sachsen-Anhalt. Ein sehr leistungsfähiger Standort der chemischen Industrie, bekannt auch durch die Großkombinate in diesem Industriezweig.

Warum wir das fragen? Einfach um Ihnen eine möglichst genaue Vorstellung zu geben, wie groß »der Bauch von Paris« wirklich ist; welche Dimensionen der weltgrößte Markt – Rungis – hat.
Stellen Sie sich das Messegelände von Hannover vor – aber über viereinhalb Mal so groß: das ist Rungis! Nehmen Sie die Bevölkerung von Bitterfeld, ziehen Sie die Kinder ab: alle anderen arbeiten Tag für Tag in den Markthallen von Rungis!
Das sind die Dimensionen. An keinem anderen Platz der Welt kommen Tag für Tag mehr frische Lebensmittel zusammen. Nirgendwo sonst finden Sie so viele verschiedene Lebensmittel versammelt. Wenn Sie etwas suchen, das essbar ist – hier finden Sie es; wenn Sie nirgendwo sonst ein spezielles Lebensmittel, ein Gewürz oder eine besondere Zutat finden können – innerhalb 24 Stunden besorgt man Ihnen hier alles. Und bei all diesen Massen, die hier gehandelt werden, ist Rungis vor allem bekannt für seine hohe Qualität. Hier kauft die Küche des Präsidenten ebenso wie die Sterneküche Frankreichs und Europas. Wahrscheinlich gibt es keine gehobene Küche in Frankreich und Deutschland, die »rungisfrei« ist.
Das verwundert nicht weiter, wenn man sich die Dimensionen noch einmal vor Augen führt. Und wenn man weiter weiß, dass pro Jahr über diesen Marktplatz 1,6 Millionen Tonnen frische Lebensmittel vertrieben werden.

Ob uns von diesen Zahlen schwindelig war oder ob es einfach an der Uhrzeit lag, auf jeden Fall waren wir mächtig stolz, dass wir es rechtzeitig aus dem Hotelbett geschafft hatten und jetzt – kurz vor 4.30 Uhr – schon am verabredeten Treffpunkt standen.
Es war kühl, noch dunkel, aber auf keinen Fall still. Die Hallen, die wir sehen konnten, lagen hell erleuchtet vor uns. Riesige Gebäude, in bläulich gedämpftes

Émile Zola schrieb 1873 schon über den »Bauch von Paris« – eine faszinierende Milieustudie über den riesigen Markt

Licht getaucht. Hin und wieder öffnete sich eine große Luke, das Licht wurde heller und der diffuse Lärm ordnet sich zu Stimmen und einzelnen Geräuschen. Laute Rufe, die typischen Lagergeräusche von Hubwagen, Paletten und Lkw-Türen.
Der Verkehr ist äußerst lebhaft, auch schon frühmorgens um kurz nach 4 Uhr, aber die Straßen des Marktes sind breit wie die Champs-Élysées – es herrscht ein ständiges Kommen und Gehen.
Die ersten Hallen öffnen schließlich um 2 Uhr ihre Pforten, bis dahin muss alles angeliefert sein und die Händler müssen ihren Wareneingang kontrolliert und bearbeitet haben.

Überwältigend ist der passende Ausdruck für die Vielfalt an Lebensmitteln, die hier angeboten werden.

Claudio Urrus Schlaraffenland. Lebensmittel, so frisch wie er sie in seinem Spitzenrestaurant jeden Tag fordert – hier findet er sie in Hülle und Fülle. Die Händler hier kennen die Anforderungen ihrer anspruchsvollen Kundschaft genau und wissen: was ich nicht bieten kann, hat vielleicht der Kollege am Nachbarstand. Hier belebt Konkurrenz ganz direkt das Geschäft – zur Freude der Kundschaft.

Ein guter Guide ist hier so wichtig wie in der freien Wildbahn

Nach kurzer Wartezeit biegt Monsieur Mour um die Ecke, im Schlepptau eine kleine Gruppe weiterer Besucher – gut erkennbar an den kleinen Äuglein. Drei Franzosen aus dem Norden, zwei Farmer aus Neuseeland, die endlich einmal sehen wollten, wie ihr Gemüse in Europa vertrieben wird und ihm jetzt quasi nachreisen, und wir: drei Deutsche. Claudio Urru, der Koch, ein Fotograf und ein Redakteur.

Nach einer kurzen Vorstellung und der Ermahnung, ja alle zusammenzubleiben, gibt es die obligatorischen weißen »Maleranzüge« mit Häubchen – nicht sehr kleidsam, aber Vorschrift. Auch für den Fotografen mit seinen vielen Taschen an Weste und Outdoorhose wird keine Ausnahme gemacht. Objektive, Belichtungsmesser, Ersatzchips für die Kameras und was er sonst noch alles »am Mann« hat, muss er jedes Mal mühsam unter seinem Schutzanzug hervorkramen. Aber Vorschrift ist Vorschrift, da sind die Franzosen auch keinen Deut lockerer als wir Deutschen.

Wir starten mit der Fischhalle, treten ein in ein anderes Universum. Die Hallen sind riesig, man erahnt das andere Ende nur. Fisch und Meerestiere so weit das Auge reicht, es riecht nach Meer, nach Hafen; kühl, feucht, frisch.

Während alle Besucher noch versuchen, die Dimensionen zu erfassen, hält Claudio Urru sich damit nicht auf. Er hat schon in mindestens ein Dutzend Kisten geschaut. Fangfrische Ware von bester Qualität, das, was er von seinen Lieferanten täglich fordert und was an manchen Tagen ein Kampf ist – täglich jedes Stück am Wareneingang kontrollieren, manches wieder zurückgehen lassen, den Händler anrufen, erklären, weshalb man diese Ware nicht annehmen möchte, zum hundertsten Mal seine Vorstellung von hervorragender Qualität erläutern – hier in Rungis findet er beinahe in jeder Kiste das, was er zu Hause in der Küche des *top air* verarbeiten möchte. Hier ist sein Paradies, sein Schlaraffenland. Nach einer halben Stunde gibt Claudio Urru auf – er kann nicht in jede Kiste hier schauen, er stoppt nur noch bei besonders tollen Auslagen – und auch das ist noch oft genug.

Abgesehen von der gigantischen Größe geht es bei Rungis wie auf Ihrem Wochenmarkt zu Hause zu. Die Händler haben ihren Marktstand, richten jeden Tag ihre Auslagen und versuchen damit und im persönlichen Gespräch die Einkäufer für ihr Angebot zu interessieren. Laut und selbstbewusst preisen sie ihre Ware an – es ist schließlich Markt und was hier angeboten wird, ist wirklich Premiumklasse. Es ist eine quirlige Atmosphäre: Feinkost Käfer meets Hamburger Fischmarkt – ein Augen- und Ohrenschmaus.

Das sind die Nachbarn, von denen wir nicht wissen, wie sie aussehen, und deren Wagen immer auf dem Parkplatz steht. Scherzhaft sagt Monsieur Mour, dass einige dieser Menschen hier das Sonnenlicht seit Jahren nicht mehr gesehen hätten. Wir lachen, aber eigentlich ...

Eine riesige Drehscheibe im Herzen Frankreichs. Könnte man die Warenströme, die hier täglich ankommen und wieder abgehen, bildlich darstellen, es würde aussehen wie eine riesige Krake, die ganz Paris besetzt und deren viele Arme weit über die Grenzen Frankreichs hinausreichen, bis in die entlegendsten Winkel Europas und auf alle Kontinente.

Menschen, die man im »richtigen« Leben kaum sieht ...

Kurz nach 5 Uhr in der Früh, der Feierabend ist in Sicht. Um 7 Uhr ist Schluss in der Fischhalle. Auch deshalb bewegen wir uns in einem Paralleluniversum. Die Menschen, die hier arbeiten – weit über 12.000 – begegnen uns im »richtigen« Leben kaum. Sie beginnen zu arbeiten um 2 Uhr nachts, dann, wenn wir uns das erste Mal im Bett drehen, und enden mit ihrer Arbeit um 7 Uhr morgens, vielleicht unsere Zeit um aufzustehen.

Viele bekannte Einzelhändler von Paris unterhalten hier einen Stand. Für einige ist das eine Prestigefrage, eine Art Ritterschlag unter Kaufleuten.

Hier einen Stand zu ergattern ist Fluch und Segen zugleich. Wer einen hat, gibt ihn in der Familie weiter, wer hier Händler ist, muss zu den Besten gehören. Eine der ganz wenigen frei werdenden Lizenzen zu ergattern ist Glücksache – Lottospieler haben höhere Aussichten auf Erfolg.

Die Konkurrenz ist gnadenlos, der Markt reguliert sich selbst. Ein Käufer muss nur zwei Schritte weiter gehen und schon sieht er Qualität und Preis des Konkurrenten. Wer hier schlechte Qualität anbietet, bleibt auf seiner Ware sitzen. Wer hier zu teuer verkaufen will, macht gar kein Geschäft. Wer sich einen Fauxpas zweimal erlaubt, hat schnell seinen Ruf weg und bekommt keinen Fuß mehr auf den Boden.

Trotz der Größe kennt hier jeder jeden. Gewiss, das ist in jedem Dorf so, jede Wirtschaft funktioniert in dieser Weise, aber hier ist es konzentriert, gebündelt. Auf der anderen Seite ist man hier im absoluten Premiumbereich. Hier kauft die Crème de la crème der Gastronomie und bezahlt auch Preise, die bei weniger fachkundigem Publikum nicht erzielbar wären. Die Geiz-ist-geil-Mentalität spielt hier keine Rolle und welkt so schnell wie ein Salatblatt in der prallen Mittagssonne.

Wer sich hier mit gleichbleibend hoher Qualität, Zuverlässigkeit und bestem Service hervortut, hat schnell die Stars der Restaurantszene an seinem Stand.

Fleischhauer und Rinderhälften

Jetzt wird's blutig. Die Fleischhalle steht an. Nichts für Zartbesaitete und vor allem nicht auf nüchternen Magen. Monsieur Mour schlägt deshalb einen Abstecher vor in das älteste Café von Paris! Hier, in den Hallen aus den 60er Jahren?

mit umgezogen, wenn der Markt verlegt wurde. Wir stehen also an einem der traditionsreichsten Tresen Frankreichs. Neben uns wird kräftig Bier und Wein geordert und Riesensandwiches. Locker laute Feierabendstimmung kurz vor Sonnenaufgang. Die Mademoiselle hat alle Hände voll zu tun.

Der Markt ist voll von großen Geschichten und kleinen Anekdoten. Man ist eine große Familie, kennt sich untereinander, hat seine Lieblinge und seine Querellen.
Émile Zola schrieb schon über den Markt und seine »Bewohner«; heute würde man wahrscheinlich eher eine Doku-Soap daraus machen …

Ein weiteres unglaubliches Highlight: das älteste Café von Paris steht mitten im Großmarkt Rungis

Die Erklärung ist einfach. Dieser Markt geht weit zurück, bis ins 5. Jahrhundert. Damals noch mitten in Paris, das allerdings noch nicht einmal so hieß. Das Café, in dem wir jetzt stehen, gab es schon immer, wie Monsieur Mour versichert, es ist immer

Die Idee mit dem Café vor der Fleischhalle war goldrichtig. Es ist eine blutige Angelegenheit. Die frischen Rinder- und Schweinehälften hängen in großer Auswahl an den Haken. Kalbsköpfe und Innereien, zu denen die Franzosen ein deutlich entspannteres Verhältnis haben als wir, findet man hier in großer Anzahl.

Hochmoderne Computertechnik im Bestell- und Abrechnungswesen und das alte Gesetz der Kaufleute von Ehrenwort und Handschlag existieren hier gleichberechtigt nebeneinander.

Obwohl viel Arbeit heute durch Maschinen erleichtert wird, fällt auf, dass viele große, kräftige Männer unterwegs sind – es ist noch immer keine leichte Arbeit, mit den Rinderhälften zu hantieren. Auch der Ton und die Späße sind hier etwas derber. Ob der Beruf die Menschen formt oder die Menschen ihren Beruf finden, ist eine Frage, die sich aufdrängt, besonders hier und besonders, wenn man die Händler aus den Blumenhallen neben die Gesellen hier in der Fleischhalle stellen würde.

Das ist nur einer der vielen Eindrücke, die uns kurz nach 8 Uhr bei unserem eigentlichen Frühstück durch den Kopf gehen.

Wir haben die Fisch- und Fleischhallen, die Geflügel- und Käsehalle, die Obst- und Gemüse- und die Blumenhalle gesehen. Die Auswahl, die Qualität, die Größe und die Vitalität hier auf dem Markt sind überwältigend, obwohl wir nur einen kleinen Ausschnitt sehen, einen kurzen Blick hinter die Kulissen werfen konnten.

Hintergrund

Historie

Marché d'Intérêt National de Rungis – wie er heute offiziell heißt, geht auf einen Markt zurück, der bereits im 5. Jahrhundert auf der Île de la Cité stattfand. Stetig wachsend und an verschiedenen Plätzen wird der Markt kontinuierlich abgehalten. Etwa Mitte des 16. Jahrhunderts beschließt König François I. eine »Reformation der Markthallen«. Er lässt Häuser mit Arkaden bauen und Säulen, die den zentralen Marktplatz einrahmen.

Der Architekt Victor Baltard entwirft neue Markthallen aus Gusseisen und Glas. Diese Industriearchitektur findet sich an vielen Großbauten der damaligen Zeit. Bekanntestes Beispiel ist der Eiffelturm, auch viele Bahnhöfe dieser Zeit sind geprägt von Eisenkonstruktionen. Zehn Pavillons mit Glasscheiben und Säulen aus Gusseisen werden von 1852 bis 1870 erstellt. Aber erst im Jahre 1936 werden die letzten Elemente der Konstruktion eingefügt. Schon 26 Jahre später haben die Hallen ausgedient – der Markt platzt aus allen Nähten. »Les Halles« war damals – und ist es auch heute noch – der größte Markt der Welt, vielleicht auch der schönste. Eine der Hallen ist noch heute in Nogent-sur-Marne zu besichtigen.

1962 wird der Transfer der Markthallen beschlossen. Der Grund befindet sich in Besitz der Kommunen Chevilly-Larue, Rungis, Thiais und Orly. 1969 wird der Markt in seiner jetzigen Form eröffnet.

Zahlen • Daten • Mengen

Fläche: 232 ha
in Quadratmeter: 2.320.000 m²
Das ist Platz für 232 Fußballfelder.

Händler: Es gibt etwa 1.300 Unternehmen, die hier ihren festen Stand haben. 12.800 Mitarbeiter sind hier beschäftigt.

Warenumschlag: 18.000.000 Konsumenten in ganz Europa werden von hier aus mit frischen Lebensmitteln versorgt. 26.000 Fahrzeuge jeden Tag sind für diese Logistikleistung notwendig.
Rund 1.600.000 Tonnen frische Lebensmittel werden damit umgeschlagen.
Und ein Umsatz von 7,1 Milliarden Euro wird damit erzielt.

Öffnungszeiten: Die Fischhalle öffnet ihre Tore um 2 Uhr nachts und schließt um 7 Uhr in der Früh.
Die Halle für Dekorationen öffnet um 5 Uhr früh und schließt als letzte um 14 Uhr die Pforten.

Rungis – ein Erlebnis

Wenn Sie in Paris sind, lassen Sie sich einen Besuch dieses Marktes auf gar keinen Fall entgehen – auch wenn der Beginn der Führungen nur zu sehr unchristlichen Zeiten angeboten wird.

Geführte Touren

Das Beste ist eine geführte Tour in einer kleinen Gruppe. Die Führer sind oft ehemalige Händler oder auch freie Guides, die auf dem Marktgelände oft auch noch ein Handelsbüro unterhalten und sich so überall auskennen und zu vielen Händlern hier ein gutes Verhältnis pflegen. Vermeiden Sie große Bustouren, Sie sehen nicht so viel.
Bei den kleinen Gruppentouren sollten Sie mit dem Auto anreisen, innerhalb des Marktes brauchen Sie es – die Strecken sind zu groß zum Gehen!
Die Touren werden in vielen Sprachen angeboten, wenn Ihr Englisch oder Französisch passabel ist, wählen Sie eine gemischte Gruppe. Es ist immer spannend, zu sehen, woher die Besucher kommen und weshalb sie den Markt besuchen.

Adresse • Reservierung

Im Internet finden Sie unter:
www.rungisinternational.com
Informationen rund um den Markt.
Weiter zu:
> Media & Communications
> Guided tours
oder direkt zu: www.visiterungis.com
Viel Vergnügen!

Gamba Carabineros mit geliertem Basilikumtee, Auberginen und Ziegenmilchschaum

Brust und Keule von der Bresse-Taube mit glasiertem Vanillechicorée und gesalzenem Erdnusskrokant

Bresse-Poularde in Sauerrahmteig gebacken mit Rosenkohl à la crème

Wachtel im Brotmantel mit glasiertem Minilauch, Kastanienschaum und Périgord-Trüffel

Essenz und Tortelloni von geräuchertem Aal mit Fenchel und Gamba Carabineros

Velouté von jungem Mais mit Kaninchenspieß, Spitzmorcheln und krossem Speck

Velouté von jungen Erbsen mit Taschenkrebsen und Pfifferlingen

Gamba Carabineros mit geliertem Basilikumtee, Auberginen und Ziegenmilchschaum

Gamba Carabineros

6 Gambas à 45 g
3 EL natives Olivenöl
einen Thymian- und einen Rosmarinzweig
Knoblauch zum Braten
Salz, Pfeffer aus der Mühle

Die Gambas schälen und mit einem kleinen Messer vorsichtig den Darm ziehen.

Die Gambas mit Salz und Pfeffer würzen und mit den Kräutern in Olivenöl von beiden Seiten anbraten.

Etwa eine Minute von jeder Seite. Die Gambas sollen innen noch etwas glasig bleiben.

Gamba Carabineros mit geliertem Basilikumtee, Auberginen und Ziegenmilchschaum

Ziegenmilchschaum

100 ml Sahne
200 ml Ziegenmilch
65 g Ziegenfrischkäse (Rouelle fermier, Provence)
einen Thymian- und einen Rosmarinzweig
Basilikum
eine zerdrückte Zehe Knoblauch
2 Blatt Gelatine
Salz, Pfeffer aus der Mühle

Die Milch und die Sahne mit den Kräutern warm machen und abschmecken.

In der aromatisierten Milch den Ziegenfrischkäse und die eingeweichte Gelatine auflösen.

Durch ein feines Sieb passieren. Anschließend die Flüssigkeit in einen Sahnespender abfüllen und verschließen.

Den Sahnespender mit einer Patrone befüllen und für 2–3 Stunden kühl stellen.

Vor dem Servieren die Sahne mehrere Male gut schütteln.

Basilikumtee

250 ml Mineralwasser
250 g frische Basilikumblätter
auf 350 ml Basilikumtee 1 g Agar-Agar
Kräuter zum Aromatisieren
Salz, Pfeffer

Die Basilikumblätter gut waschen, kurz blanchieren und gleich in Eiswasser abschrecken.

Anschließend mit dem kalten Mineralwasser fein mixen und durch ein Haarsieb ablaufen lassen.

Den Basilikumtee unter ständigem Rühren aufkochen und immer wieder abschäumen.

Den Tee abschmecken und das Agar-Agar in der Flüssigkeit auflösen. Das Ganze etwa zwei Minuten köcheln lassen.

Ein kleines Tablett mit Klarsichtfolie auslegen und die Flüssigkeit daraufgeben – etwa 5 mm hoch. Für 2 – 3 Stunden kühl stellen und fest werden lassen.

Olivenjus

1 TL schwarze Olivenpaste (Feinkosthandel)
6 EL Geflügeljus

Die Olivenpaste mit der Geflügeljus verrühren und dabei leicht erhitzen.

Anrichten

Das Gelee in Kreise ausstechen – etwa 5 cm im Durchmesser. Vier Stück auf einem warmen Teller leicht übereinander legen.

Die gebratenen Gambas dazwischenlegen und mit der Olivenjus leicht nappieren.

Den Ziegenmilchschaum aufschütteln und in ein Glas sprühen und mit auf den Teller stellen.

Brust und Keule von der Bresse-Taube mit glasiertem Vanillechicorée und gesalzenem Erdnusskrokant

Brust und Keule von der Bresse-Taube mit glasiertem Vanillechicorée und gesalzenem Erdnusskrokant

Bresse-Taube

3 Bresse-Tauben à 450 g (beim Metzger bestellen)
natives Olivenöl zum Braten
Butter
Rosmarin
Salz und Pfeffer aus der Mühle

Den Hals, die Flügel und die Füße abschneiden. Dann vorsichtig die Keulen abtrennen.

Die Brüste von der Brustkarkasse lösen und das Fleisch sorgfältig von Sehnen und Fett befreien.

Den an den Brüsten verbleibenden Flügelknochen rundherum sauber abschaben.

Bei den Keulen den Oberschenkelknochen vorsichtig herauslösen.

Die Keulen und Brüste mit Salz und Pfeffer würzen.

Die Brüste in Olivenöl anbraten (nur auf der Hautseite), die Fleischseite dabei immer wieder mit Olivenöl übergießen, diesen Vorgang mehrmals wiederholen. Etwa 4 Minuten, dann die Brüste auf ein Gitter legen.

Das Gitter bei 180 °C in den Ofen stellen, 8 – 9 Minuten. Danach für etwa 2 Minuten ruhen lassen.

Die Keulen auch nur auf der Hautseite anbraten und dabei immer mit Olivenöl übergießen. Die Pfanne mit den Keulen bei etwa 180 °C in den Ofen stellen, für etwa 6 – 8 Minuten.

Abschließend wenig Butter und Rosmarin aufschäumen lassen und darin Keulen und Brüste nochmals kurz glasieren. Die Brüste in feine Tranchen schneiden.

Gesalzener Erdnusskrokant

150 g Fondant
100 g Glucose
100 g gesalzene Erdnüsse
15 g Butter
eine Prise Fleur de Sel

Das Fondant und die Glucose auf etwa 130 °C erhitzen. Dann die Butter einrühren und auf etwa 165 °C erhitzen.

Rasch die Erdnüsse und *Fleur de Sel* unterrühren, anschließend die Masse auf einer Silikonmatte verteilen – etwa 8 mm dick.

Auskühlen lassen und dann in kleine Stücke brechen.

Je größer die Erdnüsse sind, desto lockerer wird der Krokant, je feiner die Nüsse, desto fester wird der Krokant.

Chicorée

12 kleine Mini-Chicorées
50 g Schalottenjulienne
100 g Butter
30 g Puderzucker
½ Vanilleschote
100 ml Rotwein
100 ml roter Portwein
10 – 15 Fäden Safran
150 ml Geflügeljus
2 – 3 Lorbeerblätter

Den Chicorée warm waschen, um die Bitterstoffe darin zu lösen.

Die Schalotten in Butter anschwitzen, dann den Puderzucker zugeben und leicht karamellisieren lassen.

Mit Rotwein und Portwein ablöschen, die Gewürze zugeben und um die Hälfte einkochen lassen.

Dann die Geflügeljus zugeben und nochmals um die Hälfte einkochen lassen – abschmecken.

Den Chicorée mit der Flüssigkeit vakuumieren. Bei 90 °C Dampf im Kombidämpfer für etwa 2 ½ Stunden garen. Danach für weitere 2 – 3 Tage im Vakuum ziehen lassen.

Vor dem Anrichten den Chicorée aus dem Vakuumbeutel nehmen und im eigenen Sud glasieren.

Anrichten

Den glasierten Chicorée auf einer Seite des Glastellers anrichten. Dann die aufgeschnittene Taubenbrust und die Keulen daranlegen.

Dazwischen den Krokant legen und mit Geflügeljus die Taube nappieren.

Abschließend mit einer Prise *Fleur de Sel* bestreuen.

Bresse-Poularde in Sauerrahmteig gebacken mit Rosenkohl à la crème

Bresse-Poularde in Sauerrahmteig gebacken mit Rosenkohl à la crème

Bresse-Poularde

3 Poulardenbrüste à 150 g, ohne Haut
etwa 80 – 100 g Geflügelfarce
2 – 3 EL Pflanzenöl
Salz und Pfeffer aus der Mühle

Bei der Poulardenbrust die Haut abziehen und leicht plattieren. Die Spinatplatten *(siehe Seite 91)* mit wenig Farce einstreichen, in die Mitte die Poulardenbrust legen, würzen und auch diese Fleischseite mit Farce bestreichen.

Dann die Spinatplatte einrollen, sodass eine Roulade entsteht; insgesamt fertigen Sie auf diese Weise drei kleine Rouladen.

Den Teig mit einem Wellholz auf etwa 6 mm ausrollen.

Jede Roulade einzeln in den Sauerrahmteig einpacken. Dabei darauf achten, dass der Teig perfekt verschlossen ist.

Für eine Stunde kühl stellen.

Die Roulade in Pflanzenöl von allen Seiten braun anbraten. Dann auf ein Gitter setzen und im Ofen bei etwa 180 °C fertig garen. Das nimmt 10 – 12 Minuten in Anspruch.

Danach etwa 2 Minuten ruhen lassen und abschließend in schöne Scheiben schneiden.

Sauerrahmteig

120 g weiche Butter
450 g gesiebtes Mehl, Type 405
200 g Crème fraîche
60 g Eigelb
2 EL Sauerrahm
½ EL Champagneressig
eine Prise Salz

Alle Zutaten zu einem glatten Teig verarbeiten. In Klarsichtfolie einschlagen und 2 – 3 Stunden kühl stellen.

Rosenkohl

500 g geputzter Rosenkohl
50 g Butter
50 g Schalottenbrunoise
1 TL Petersilie, gehäuft
150 ml Geflügelfond
150 ml Sahne
1 EL geschlagene Sahne

Beim Rosenkohl den Strunk und die äußeren Blätter entfernen. Dann kurz blanchieren, abschrecken und trocknen.

Die Schalotten in Butter anschwitzen, den Rosenkohl zugeben und leicht würzen.

Mit Fond und Sahne auffüllen und langsam cremig einkochen lassen. Zum Abschluss die Petersilie und die geschlagene Sahne unterheben – das macht den Rosenkohl locker und leicht.

Spinatplatten

100 g frischer Blattspinat

Den gewaschenen Spinat in Salzwasser kurz blanchieren und in kaltem Wasser abschrecken.

Anschließend auf Krepppapier trocknen und mit dem trockenen Spinat eine Platte legen, etwa in Größe eines DIN-A-4-Papieres.

Anrichten

Den Rosenkohl auf einer Hälfte des warmen Tellers locker anrichten. Dann die Scheiben der Bresse-Poularde leicht anlegen und mit Geflügeljus umgießen.

Mit einer Prise *Fleur de Sel* bestreuen.

Wachtel im Brotmantel mit glasiertem Minilauch, Kastanienschaum und Périgord-Trüffel

Wachtel im Brotmantel mit glasiertem Minilauch, Kastanienschaum und Périgord-Trüffel

Wachteln

3 ausgelöste Wachteln
60 g Geflügelfarce
80 g Blattspinat
6 hauchdünne Scheiben Ciabatta
Salz, Pfeffer aus der Mühle
50 ml natives Olivenöl
30 g Butter

Den gewaschenen Spinat in Salzwasser kurz blanchieren und sofort abschrecken.

Anschließend auf Krepppapier trocknen und daraus eine Platte legen, etwa in der Größe eines DIN-A-4-Blattes.

Bei den Wachtelbrüsten die Haut abziehen und leicht plattieren.

Die Spinatplatten mit wenig Farce einstreichen, in die Mitte die Brüstchen auflegen, würzen und auch diese mit Farce bestreichen. Dann die Platte einrollen, sodass eine Roulade entsteht.

Die hauchdünnen Scheiben Ciabatta auch mit wenig Farce einstreichen, darauf die Roulade legen und diese einrollen. Anschließend in Klarsichtfolie einrollen und 2 – 3 Stunden kühl stellen.

Die Wachtelkeulen leicht würzen und in Olivenöl nur auf der Hautseite kross braten – etwa 5 Minuten. Dann Butter hinzufügen, aufschäumen lassen und die Keulen mehrmals übergießen.

Die Wachtelroulade auspacken und in der Olivenöl-Butter-Mischung von allen Seiten schön braun anbraten und leicht würzen. Dann auf ein Gitter legen und bei etwa 180 °C für 8 – 10 Minuten fertig garen

Kastanienschaum

100 g gebackene ausgebrochene Kastanien
(oder bereits fertig gekochte)
400 ml Geflügelfond
100 ml Sahne
100 ml Sekt
2 EL Zucker
Salz, Pfeffer aus der Mühle
Limone, Cayenne
50 g geschlagene Sahne

Den Zucker leicht karamellisieren lassen, die Kastanien zugeben und mit dem Fond, Sahne und Sekt auffüllen und abschmecken.

Für 6 – 8 Minuten leicht köcheln lassen, dann sofort mixen und durch ein Spitzsieb abpassieren.

Unter ständigem Rühren einkochen, bis eine cremige Konsistenz erreicht ist. Gegebenfalls mit Fond oder Sekt die Konsistenz regulieren.

Trüffel

30 g Périgord-Trüffel, frisch oder eingekocht als Konserve

Anrichten

Die Rouladen am besten mit einem Sägemesser in schöne Tranchen schneiden.

Die Suppe heiß aufschäumen und die geschlagene Sahne unterziehen, dann die Wachtel in den Teller geben. Die Trüffel darüberhobeln und danach die Suppe darübergießen.

Als Beilage eignet sich sehr gut glasierter Frühlingslauch.

Essenz und Tortelloni von geräuchertem Aal mit Fenchel und Gamba Carabineros

Aalessenz

500 bis 600 g geräucherter Aal
100 g Tomatenconcassé
100 g Fencheljulienne
50 g Champignons
100 ml natives Ölivenöl
10 – 15 Fäden Safran
3 – 4 Zehen Knoblauch
3 – 4 Zweige Thymian
Salz, Pfeffer aus der Mühle

Von dem Aal die Haut abziehen und in kleine Stücke schneiden.

Das Gemüse und die Kräuter in Öl anschwitzen und leicht mit Salz und frischem Pfeffer würzen.

Dann den Aal zugeben und mit Mineralwasser bedecken. Nun etwa 1 ¼ Stunden leicht ziehen lassen, dabei immer den Wasserstand beibehalten.

Anschließend alles durch ein Tuch abpassieren und nochmals aufkochen. Je nach Geschmack kann man die Essenz noch leicht ziehen lassen.

Essenz und Tortelloni von geräuchertem Aal mit Fenchel und Gamba Carabineros

Räucheraal

200 g geräucherter Aal
80 g gekochte passierte Kartoffeln
60 g natives Olivenöl
60 g Sahne
Salz, Pfeffer aus der Mühle
1 cl Noilly Prat
1 cl Pernod
einen Spritzer Zitrone
Cayenne

Für das Aalpüree

Die Sahne mit dem Olivenöl erwärmen, den klein geschnittenen Aal dazugeben und einige Minuten ziehen lassen.

Danach pikant abschmecken und alle Zutaten mit einem Handrührgerät verquirllen.

Wenn die Masse fest geworden ist, kleine Kugeln ausstechen (etwa 1,5 cm Durchmesser) und diese leicht anfrosten.

Nudelteig

190 g Mehl (Type 405)
60 g Hartweizengrieß
1 EL Sepiatinte
50 g Eigelb
2 Volleier
2 EL natives Olivenöl
Salz, Pfeffer aus der Mühle, eine Prise Muskat
1 Eigelb und 1 EL Milch zum Bestreichen

Die Volleier und das Eigelb mit Olivenöl und Sepiatinte mixen und würzen. Ein Eigelb übrig lassen zum Bestreichen.

Im gesiebten Mehl eine kleine Vertiefung machen und die Ei-Mischung hineingeben. Dann alles gut durchkneten, bis ein glatter Teig entstanden ist. In Klarsichtfolie einschlagen und 2 – 3 Stunden kühl stellen, damit er sich entspannt.

Den Nudelteig hauchdünn ausrollen und mit einem gezackten Ausstecher (8 cm Durchmesser) markieren. Ein Eigelb mit einem Esslöffel Milch verquirlen und mit einem Pinsel den Nudelteig bestreichen.

Das portionierte Aalpüree nicht ganz in die Mitte des Kreises legen und zusammenklappen, Luft rausdrücken und die zwei Enden fest zusammendrücken.

Die Tortelloni auf ein Tablett legen (vorher mit Hartweizengrieß bestreuen, damit sie nicht am Tablett kleben bleiben). Kochzeit im gesalzenen Wasser etwa 8 Minuten.

Gamba Carabineros

6 Gambas à 45 g
3 EL natives Olivenöl
einen Thymian- und einen Rosmarinzweig
Knoblauch zum Braten
Salz, Pfeffer aus der Mühle

Die Gambas schälen und mit einem kleinen Messer vorsichtig den Darm ziehen.

Die Gambas würzen und mit den Kräutern in Olivenöl von beiden Seiten anbraten. Etwa eine Minute von jeder Seite, die Gambas sollen innen noch etwas glasig bleiben.

Anrichten

Im warmen Suppenteller einen glasierten Minifenchel und ein paar Schmortomaten anrichten. Dann die gebratenen Gambas draufsetzen.

Dekorieren mit gebackenen Basilikumblättern und die glasierten Aaltortelloni danebenlegen.

Abschließend den Teller mit der Aalessenz auffüllen.

Velouté von jungem Mais mit Kaninchenspieß, Spitzmorcheln und krossem Speck

Velouté von jungem Mais mit Kaninchenspieß, Spitzmorcheln und krossem Speck

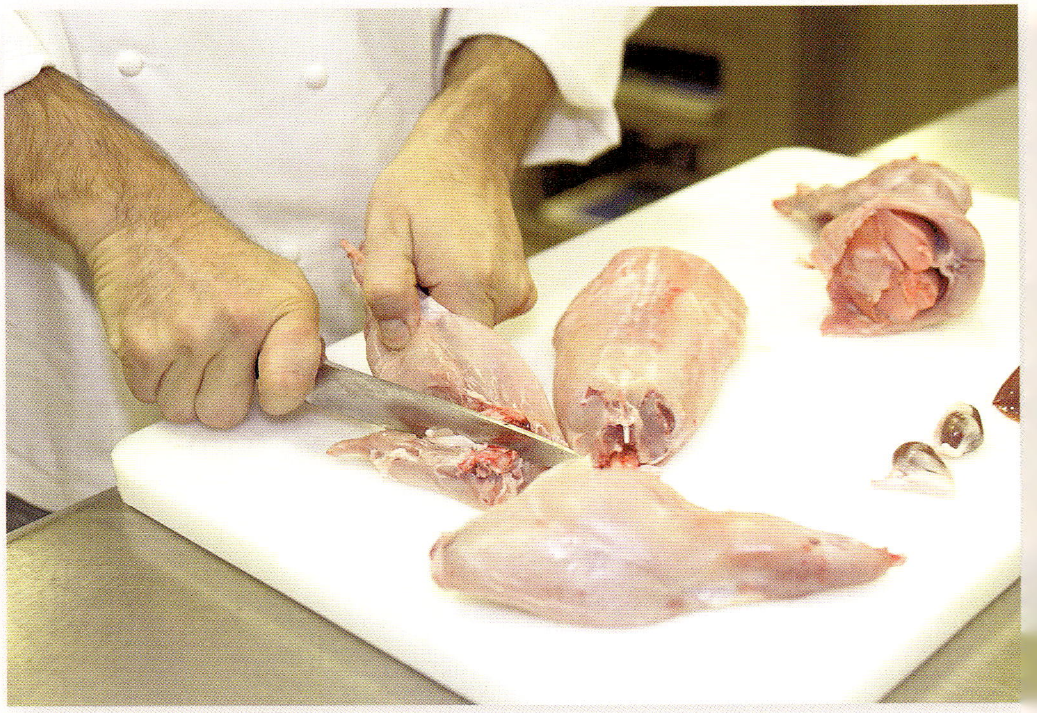

Kaninchenspieß

3 ausgelöste Kaninchenrücken, pariert
12 Kaninchennieren
12 Tranchen Leber
einen Rosmarinzweig
eine zerdrückte Zehe Knoblauch
50 ml natives Olivenöl
50 g Butter
Salz, Pfeffer aus der Mühle

Die sechs Rückenfilets alle in drei gleich große Stücke schneiden.

Auf einen Spieß abwechselnd immer ein Rückenstück, eine Leber, ein Rückenstück, eine Niere, ein Rückenstück spießen.

Dazwischen einen Rosmarinzweig stecken.

Den Kaninchenspieß mit Rosmarin und Knoblauch zuerst in Olivenöl von allen Seiten anbraten, dann Butter zugeben und aufschäumen lassen.

Immer wieder mit der Butter-Öl-Mischung übergießen und leicht würzen. Der Vorgang dauert 5 – 7 Minuten.

Velouté von jungem Mais

500 g Mais
950 ml Geflügelfond
100 g Crème fraîche
50 g Butter
50 g Schalottenbrunoise
Cayenne, Limone
Salz, Pfeffer aus der Mühle

Die Schalotten in Butter anschwitzen, den Mais zugeben und leicht würzen. Mit Geflügelfond auffüllen und etwa 15 Minuten leicht köcheln lassen.

Im Thermomix fein mixen, abpassieren und abschmecken. Nochmals aufkochen und dabei die Crème fraîche untermixen.

Morcheln

24 sauber geputzte Spitzmorcheln
25 ml Madeira
50 g Butter
1TL Schalottenbrunoise
1 TL gehackte Blattpetersilie
1 EL Kaninchenjus

Die geputzten Morcheln mehrmals waschen und dann trocknen.

Die Schalotten in Butter anschwitzen, die Morcheln dazugeben und leicht würzen. Mit dem Madeira ablöschen und einreduzieren lassen.

Petersilie und Kaninchenjus zugeben, abschmecken und schön glasieren.

Anrichten

In einen warmen Suppenteller die Morcheln und den Kaninchenspieß schön drapieren.

Anschließend die Suppe eingießen und mit krossem Speck und einem Rosmarinzweig dekorieren.

Velouté von jungen Erbsen mit Taschenkrebsen und Pfifferlingen

Taschenkrebse

3 Taschenkrebse à 600 g

Taschenkrebse in kochendes Wasser geben und 5 – 6 Minuten leicht ziehen lassen. Herausnehmen und abschrecken. Beine und die Scheren vorsichtig ausbrechen und in klarem Wasser abspülen.

Erbsensuppe

400 g frische Erbsen
500 ml Fischfond
50 g Crème fraîche
50 g Schalottenbrunoise
30 g Butter
Salz, Pfeffer, Cayenne und Limone
1 EL geschlagene Sahne zum Unterheben

Schalotten in Butter anschwitzen, Erbsen zugeben und mit Fond auffüllen. Würzen und etwa 10 Minuten leicht köcheln lassen. Crème fraîche zugeben, im Thermomix sehr fein mixen und anschließend durch ein Haarsieb abpassieren. Mit Cayenne und Limone abschmecken und vor dem Anrichten die geschlagene Sahne unterrühren.

Pfifferlinge

120 g Pfifferlinge, geputzt
25 g Butter
1 TL gehackte Blattpetersilie
1 TL Schalottenbrunoise

Die Pfifferlinge in Butter anschwitzen und würzen, dann die Schalotten und die Petersilie zugeben.

Auf den Lofoten

Auf den Lofoten

Eine lange Reise ans Ende von Europa. Nur noch einen Tagesausflug vom nördlichen Polarkreis entfernt.

Europa ist auch am Polarkreis

Jede Reise fängt mit dem ersten Schritt an *(Konfuzius)*, aber über den Charakter der Reise entscheiden die letzten Schritte *(Claudio Urru)*. Und diese Reise war definitiv die anstrengendste unserer kulinarischen Entdeckungsreisen.

Burwell, Nebraska, ist nun beileibe nicht der Nabel der Welt, es ist eher ein kleines verschlafenes Dorf im mittleren Westen der USA. Aber selbst jene Reise auf einen anderen Kontinent war luxuriös und kurzweilig gegen diesen Trip innerhalb Europas – wir

hätten es nicht vermutet. Allerdings, wenn man sich die Reiseetappen vor Augen führt, keimt ein leiser Verdacht: Stuttgart – Amsterdam, Amsterdam – Oslo, Oslo – Bodø … Jeder dieser Zwischenstopps ist mit einigen Stunden Aufenthalt in diversen Warteräumen, Duty-free-shops und Flughafenbars verbunden.

Der äußerste nord-westliche Teil Europas – ein beeindruckendes Fleckchen Erde …

Und schon, nach nur anderthalb Tagen, steht man mit seinem kompletten Gepäck, unrasiert, übernächtigt und völlig gerädert am Anliegeplatz zur Fähre, die uns – subito – auf die Lofoten bringt. Nach weiteren 3 Stunden und 30 Minuten Überfahrt!

Diese Überfahrt allerdings, das muss man nun wirklich gestehen, bläst uns den Kopf frei! Die Müdigkeit ist auf einen Schlag vergessen, nach all der Sitzerei in muffigen Räumen und engen Flugzeugen ist diese Luft und Weite eine Befreiung für Lungen und Geist.

Was bei uns die Überlandbusse sind, sind in Norwegen die Fähren und Schnellboote. Große Katamarane verkehren auf den Hauptrouten, die sorgen mit ihren starken Motoren für ordentlich Speed und einen äußerst kräftigen Fahrtwind.

Es sind unbeschreibliche Ausblicke, grandiose Kulissen, wenn sich direkt aus dem Meer riesige Felsmassive erheben, die Gipfel mit Wolken verhangen und am Fuß mit dunkelgrünem saftigen Gras bewachsen.

Tiefblaues Wasser, graue Felsen, ein Tupfer Grün und goldenes Licht …

Das Schiff, ein hochmoderner Katamaran, prescht, eine imposante Heckwelle hinter sich lassend, übers Wasser, dass es uns die Tränen in die Augen treibt. Und die Eindrücke, wenn die ersten Felsen und Berge sich über das Meer erheben, sind einfach überwältigend. Der Himmel und das Wasser sind bei unserer Ankunft glasklar.

Ein intensives Licht, wie man es in Mitteleuropa kaum je sieht – am ehesten kurz vor oder nach einem sehr starken Gewitter.
Willkommen auf den Lofoten! Eine Inselgruppe im Nordmeer, an der Nord-Ost-Küste Norwegens gelegen. Nur etwa 200 Kilometer vom Polarkreis entfernt. Politisch eigentlich in Europa, aber gefühlt in einer anderen Welt.

Sobald die Sonne scheint, leuchtet alles in warmen intensiven Farben. Jeder Strahl wird genossen, jede freie Minute draußen am Meer verbracht.

Sommer nahe dem Polarkreis – jeder Sonnenstrahl wird genossen

Wir werden abgeholt – vom Fischereibeauftragten des »Norwegian Seafood Export Council«. Er kennt hier auf den Inseln jeden Menschen und jedes Boot beim Namen. Das ist auch nicht weiter schwer bei gerade mal so viel Einwohnern wie eine kleine Kreisstadt in Deutschland.

Wir machen einen Rundgang durch den Hafen, dabei erzählt er ein wenig von den alten Zeiten, als hier in den Wintermonaten Mast an Mast die Boote lagen und die Fischerei noch ein Familienbetrieb war. Heute, in Zeiten von EU-Fangquoten und Großkonzernen, die mit ihren großen Flotten, ausgerüstet mit modernster Technik, auf Beutezug gehen, wird es eng für die Kleinen.

Schaut man sich die typischen Farben Norwegens an, hat man schnell eine Idee, wie die Nationalflagge – ein blaues Kreuz mit weißer Außenlinie auf rotem Grund – zu ihren Farben gekommen ist.

Auf den Lofoten leben die Menschen am und vom Meer – ohne Fisch gäbe es hier kein Überleben ...

Allerdings hat sich der Bestand an Kabeljau wieder stabilisiert - gerade durch die strengen Fangquoten der EU – die Fischer auf den Lofoten betrachten diese Entwicklung also mit einem weinenden und einem lachenden Auge.

Der Klipp- und Stockfisch ist ein Exportschlager und sichert den Menschen hier schon seit Jahrhunderten das Überleben – das ist bis heute so. Der Fisch ernährt die Bevölkerung und hat selbst politisch eine wichtige Rolle gespielt.

Nur fünf Städte Norwegens haben über 100.000 Einwohner. Wenn man mit dem Schiff an den Küsten entlang unterwegs ist, hat man oft den Eindruck von großer Ruhe und Abgeschiedenheit, selbst da, wo Häuser zu sehen sind oder andere Anzeichen von Besiedlung.

Wikinger hatten den konservierten Fisch auf ihren Booten, als sie ihre Entdeckungs- und Eroberungszüge in den Süden und bis nach Amerika begannen. Die deutsche Hanse und speziell Lübeck, über das der Handel abgewickelt wurde, verdankten einen Gutteil ihres Reichtums dem getrockneten Kabeljau.
Und selbst bei der Entdeckung und Besiedlung des amerikanischen Kontinents durch die Portugiesen und Spanier spielte der Fisch eine wichtige Rolle. Die Seefahrer füllten mit Bacalao oder Bacalhau die Laderäume ihrer Karavellen – neben Sauerkraut ein unverzichtbares Lebensmittel.
Noch heute ist Bacalaho für viele Portugiesen das Nationalgericht und wird in vielen hundert Gerichten verarbeitet. Und bei den Brasilianern findet man heute ähnliche Vorlieben.

Über weite Strecken sieht man an den Küsten die Holzgestelle, um den Kabeljau zu trocknen, in Seeluft, Wind und Wetter.

»alla casa« oder Haute Cuisine – Stockfisch hat viele Anhänger

Ob die »Fischkonserven« höchsten kulinarischen Ansprüchen gerecht wurden, ist nicht überliefert. Heute dagegen ist der speziell behandelte Fisch längst in der Haute Cuisine angekommen.
Bei Claudio Urru sind regelmäßig Gerichte damit auf der Karte zu finden und auch bei der jährlichen Kochweltmeisterschaft, dem Bocuse d'Or, werden regelmäßig diese Produkte aus Norwegen verarbeitet – ein Ritterschlag für jedes Lebensmittel. Aber auch ein Lebensmittel, das Mühe und Fingerspitzengefühl verlangt.

Etwa 48 Stunden sollte der Trockenfisch gewässert werden, damit er ess- und genießbar wird. Jeder Koch hat da seine eigenen kleinen Tricks; wie oft das Wasser gewechselt werden sollte, wie lange der Fisch darin verbleibt, ob man auch Milch verwendet, ob der Fisch darin sogar leicht erwärmt werden sollte …
Das Ausgangsprodukt ist in der Regel Kabeljau, eine Dorschart. Nach dem Fang wird er ausgenommen und danach paarweise, Schwanz an Schwanz, zusammengebunden und auf großen Holzgestellen im Freien getrocknet, in Sonne und Seeluft. Der Name Stokkfisk leitet sich von genau diesen Holzgestellen ab. In der Hauptsaison sind diese über mannshohen

Die Produktion von Stockfisch ist ein ganz eigenes Geschäft. Aussehen und Geruch sind nicht unbedingt salonfähig. In der Hand eines guten Koches allerdings wird aus dem »hässlichen Entchen« dann leicht ein »schöner Schwan«.

Gestelle überall entlang der Küste zu sehen. Eng mit dem Fisch behangen haben sie jahrhundertelang das Aussehen der besiedelten Küstenregionen geprägt.

Kein sehr schöner Bursche, aber äußerst schmackhaft

Der Klippfisch wird aufwendiger verarbeitet: ausgenommen, den Kopf abgetrennt und die Rückengräte und die Gräten der Bauchhöhle entfernt, wird er eingesalzen und zumindest früher an den Klippen zum Trocknen ausgelegt – daher auch der Name.
Das Ergebnis ist ein bretthartes Stück Fisch, zu bearbeiten nur mit schwerem Gerät, etwa Beil oder Säge. Nahezu unbegrenzt haltbar, aber in diesem Zustand nicht genießbar.

Während der Herstellung und Bearbeitung geruchlich und vom Aussehen her kein Produkt, das man mit gehobener Küche in Verbindung bringen würde – in den richtigen Händen allerdings ein kulinarisches Highlight. Überzeugen Sie sich davon auf den folgenden Seiten …

Wildlachs in der Zucchiniblüte
gebraten mit Muskatkürbis
und Kräuterseitlingen

Kabeljau im Auberginenmantel
mit Rahmspinat, Kartoffelgnocchis
und Alba-Trüffel

Belon-Auster in Lardo gebraten
mit Wirsingrahm,
Stockfischcannelloni und
Rotweinbuttersauce

Wildlachs in der Zucchiniblüte gebraten mit Muskatkürbis und Kräuterseitlingen

Wildlachs in der Zucchiniblüte gebraten mit Muskatkürbis und Kräuterseitlingen

Wildlachs

6 Tranchen Wildlachs à 85 g
50 g Fischfarce
80 ml natives Olivenöl
12 frische Zucchiniblüten
180 g Kräuterseitlinge
30 g Schalottenbrunoise
2 EL natives Olivenöl
20 g Butter
1 TL gehackte Petersilie
Salz, Pfeffer aus der Mühle, Limone, Cayenne

Bei den Blüten die Frucht unten entfernen. Die Blüten an der Seite der Länge nach öffnen und den Blütenstempel entfernen.

Den Lachs leicht würzen und mit wenig Farce ringsherum einstreichen. Anschließend mit den einzelnen Blüten schön einpacken. Pro Fisch werden etwa zwei Blüten benötigt – je nach Größe.

Die Frucht in dünne Scheiben schneiden, sie wird nachher zusammen mit den Pilzen angebraten.

Die Pilze säubern und je nach Größe vierteln. Schalotten in Olivenöl anschwitzen, Pilze und die Früchte zugeben und würzen. Dann Butter und Petersilie zugeben und abschmecken – fertig.

Die Lachstranchen in Olivenöl von allen Seiten anbraten und würzen. Sie sollten nur leicht Farbe nehmen. Dann auf ein Gitter legen und im Backofen gar ziehen lassen – bei 120 °C, 5 – 6 Minuten.

Fischfarce

180 g Zanderfilet
150 g Sahne
40 g Eiweiß
je einen Spitzer Pernod und Noilly Prat
Salz, Pfeffer aus der Mühle, Limone

Das Filet in kleine Würfel schneiden, würzen und mit dem Alkohol marinieren – kalt stellen.

In einer Moulinette fein mixen. Anschließend langsam die Sahne zugeben, sodass eine homogene Masse entsteht. Nochmals abschmecken und dann durch ein feines Haarsieb streichen.

Anrichten

Auf einem warmen Teller das Kürbispüree leicht verteilen. Dann die Lachstranchen anlegen.

Anschließend die gebratenen Pilze verteilen und mit den gebackenen Blüten garnieren.

Vor dem Servieren mit ein wenig Kalbsjus nappieren.

Kürbispüree

ein kleiner Muskatkürbis
Salz, Pfeffer aus der Mühle, Muskat
Crème fraiche, etwas Mondamin

Kürbis schälen und entkernen. In kleine Stücke schneiden und mit Salz, Pfeffer und Muskat würzen. Dann in Alufolie einschlagen und bei 200 °C im Backofen backen. Er sollte sehr weich werden.

Herausnehmen und den Fond ablaufen lassen. Anschließend den Kürbis fein mixen und würzen und mit Crème fraîche verfeinern. Das Püree aufkochen und mit Mondamin abbinden. Es soll eine homogene Masse entstehen.

Kabeljau im Auberginenmantel mit Rahmspinat, Kartoffelgnocchis und Alba-Trüffel

Kabeljau im Auberginenmantel mit Rahmspinat, Kartoffelgnocchis und Alba-Trüffel

Kabeljau

6 Tranchen Kabeljau à 90 g, ohne Haut
70 g Fischfarce (Rezept siehe »Wildlachs«, Seite 122)
Olivenöl, Butter
Salz, Pfeffer, Cayenne, Zitrone
eine Aubergine, etwa 280 g
Alba-Trüffel etwa 20 g (zum Anrichten)

Die Aubergine hauchdünn auf einer Aufschnittmaschine der Länge nach aufschneiden.

Dann auf einem Backpapier die Auberginenscheiben der Länge nach nebeneinander auslegen. Mit der Fischfarce dünn bestreichen. (Fischfarce siehe »Wildlachs«, Seite 122)

Den Kabeljau würzen, obenauf legen und einrollen, sodass eine Art Roulade entsteht. Bis zur weiteren Verwendung kühl stellen.

Den eingepackten Kabeljau leicht würzen und in Olivenöl ringsum anbraten – eine leichte Färbung ist erwünscht.

Dann Butter zufügen und aufschäumen lassen. Anschließend auf ein Gitter legen und im Backofen bei 180 °C etwa 8 – 10 Minuten garen. Nach der Garzeit herausnehmen und in schöne Tranchen schneiden.

Gnocchis

250 g Kartoffeln
20 g Mehl
25 g Hartweizengrieß
1 Eigelb (20 g)
Salz, Pfeffer, Muskatnuss

Kartoffeln kochen und gleich passieren. Aus den noch warmen, passierten Kartoffeln und den restlichen Zutaten einen homogenen Teig herstellen und leicht würzen. (Nicht zu lange kneten, er könnte sonst zäh werden; der Teig will rasch verarbeitet werden, da er sonst Wasser zieht.)

Die portionierten Gnocchis in leicht kochendem Salzwasser gar ziehen lassen. Wenn diese an die Wasseroberfläche schwimmen, sofort herausnehmen, abschrecken und trocken legen.

In einer Teflonpfanne mit Olivenöl von allen Seiten goldbraun anbraten und würzen (Dauer: 3 – 4 Minuten).

Anrichten

Den Rahmspinat in die Mitte eines warmen Tellers geben. Dann die Gnocchis verteilen.

Anschließend die Kabeljau-Tranchen auf den Spinat legen und den Trüffel darüberhobeln.

Zur geschmacklichen Abrundung noch ein wenig reduzierte Kalbsjus dazugeben.

Rahmspinat

200 g frischer Blattspinat
30 g Butter
30 g Schalottenbrunoise
100 ml Sahne, ein wenig einreduziert
25 g Crème fraîche
1 EL geschlagene Sahne zum Fertigmachen
Salz, Pfeffer aus der Mühle
Muskatnuss

Den Spinat waschen und leicht trocknen.

Die Schalotten in Butter anschwitzen, würzen und weich dünsten. Dann die reduzierte Sahne und die Crème fraîche angießen, anschließend sehr fein mixen und abschmecken.

Kurz vor Fertigstellung den Löffel geschlagene Sahne unterheben.

Belon-Auster in Lardo gebraten mit Wirsingrahm, Stockfischcannelloni und Rotweinbuttersauce

Belon-Auster in Lardo gebraten mit Wirsingrahm, Stockfischcannelloni und Rotweinbuttersauce

Wirsing

400 g Wirsing, in Streifen geschnitten
50 g Schalotten, in Streifen geschnitten
50 g Butter
1 TL Parmaschinkenwürfel
150 ml Geflügelfond
150 ml Sahne

Parmaschinken und Schalotten in der Butter anschwitzen. Wirsing dazugeben, würzen und mit Fond und Sahne auffüllen und langsam cremig einkochen lassen.

Vor dem Anrichten einen Esslöffel geschlagene Sahne unterheben, das macht den Wirsing locker und leicht.

Rotweinbuttersauce

100 ml Rotwein
100 ml roter Portwein
20 ml Sahne
15 g kalte Butterwürfel

Rotwein und Portwein um etwa 85 % einkochen. Dann die Sahne zufügen und nochmals aufkochen lassen, den Topf vom Herd nehmen und langsam die kalten Butterwürfel einmontieren, sodass eine schöne homogene Sauce entsteht.

Austern

24 Belon-Austern Größe 00
24 kleine hauchdünne Scheiben Lardo
ein wenig natives Olivenöl

Die Austern öffnen, säubern und trocknen.

Die Austern einzeln in den Speck einwickeln und bis zur Verwendung kühl stellen.

Gebackene Kartoffelcannelloni (24 Stück)

200 g Stockfisch, eingeweicht
450 ml Milch
80 g gekochte passierte Kartoffeln
60 ml natives Olivenöl
60 ml Sahne
Salz, Pfeffer, Cayenne
einen Spritzer Zitrone
je 1 cl Noilly Prat und Pernod

Für die Stockfischbrandade den getrockneten Stockfisch etwa 4 – 6 Tage in Wasser einweichen. Das Wasser jeden Tag erneuern. Dann den Stockfisch auslösen und die gewünschte Menge klein schneiden.

Die Milch aufkochen, den Fisch einlegen und darin 20 Minuten gar ziehen lassen. Dann die Milch abgießen und den Fisch abtropfen lassen.

Die Sahne mit dem Olivenöl erwärmen, den Stockfisch dazugeben und einige Minuten ziehen lassen.

Als Nächstes alles pikant abschmecken und alle Zutaten zusammen mit einem Handrührgerät verrühren. Beim Servieren sollte die Brandade 30 – 40 °C warm sein.

Eine heiße Pfanne mit Olivenöl ausreiben und darin die eingepackten Austern ganz kurz von allen Seiten anbraten und nicht mehr würzen – der Speck ist würzig genug und die Austern haben genug Eigenaroma.

Anrichten

Auf einem Glasteller richten sie den Wirsing leicht links an.

Dann füllen sie den Stockfisch in die Kartoffeltürmchen. Neben den Wirsing legen sie die gebratenen Austern.

Zum Schluss nappieren sie mit der Rotweinbuttersauce.

Wagyus in Nebraska

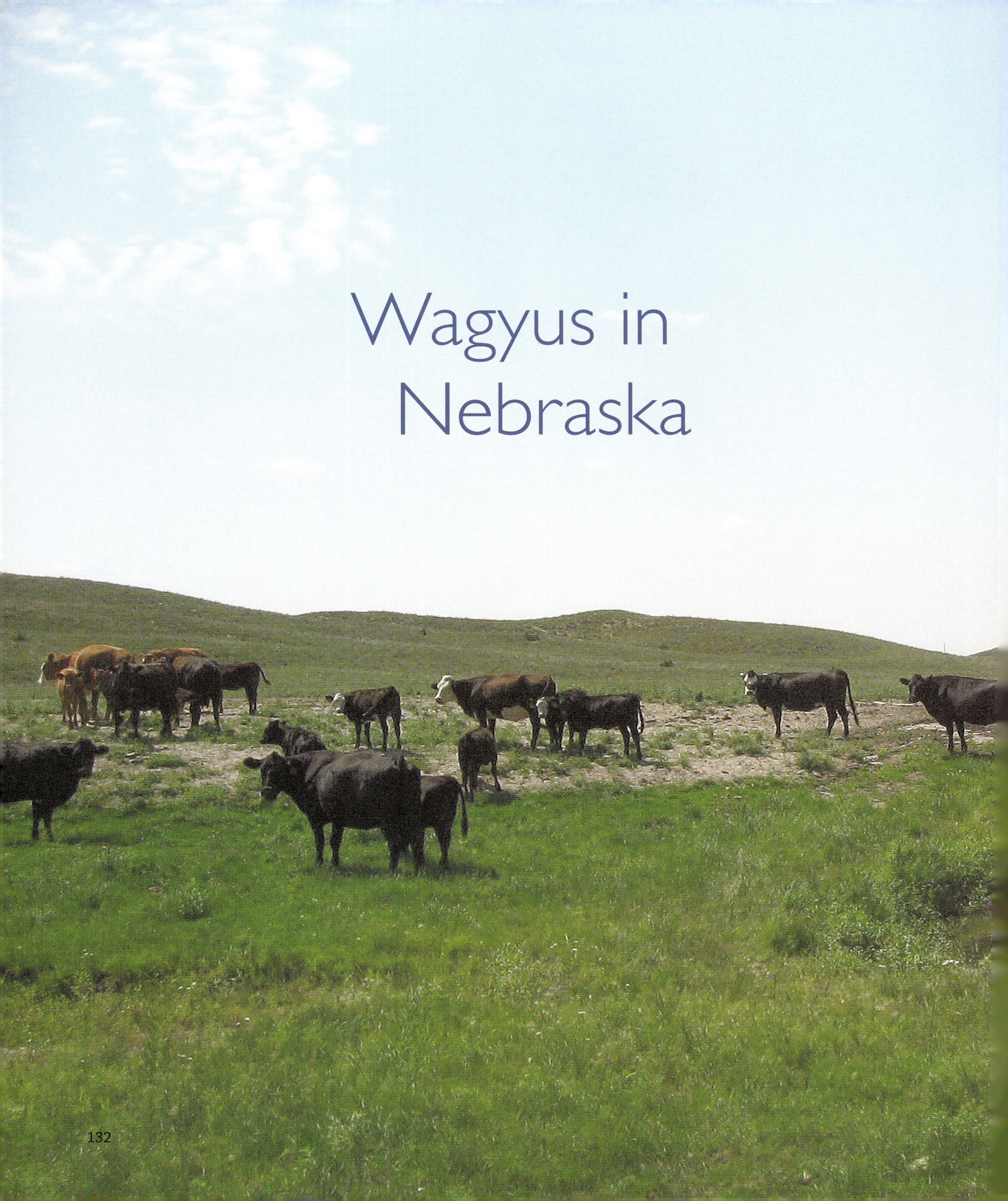

Das teuerste Rindfleisch…

Die Gastfreundschaft der Amerikaner ist sprichwörtlich und tief verwurzelt, ganz besonders auf dem Land.

4.000 Flugmeilen haben wir hinter uns gebracht, immer Richtung untergehende Sonne, und dann noch einmal vier Stunden im Pick-up, Richtung Nordwesten. Die Zivilisation – Omaha, die Hauptstadt Nebraskas – immer im Rücken. Jetzt stehen wir auf der Veranda von Dan Morgan, schauen in die Spätnachmittagsonne, genießen die Ruhe hier draußen und den Anblick von Millionen kleiner Sonnenblumen, die in den Sandhills blühen.

Weite Landschaft und offene Türen …

Unsere Gastgeber begrüßten uns mit großer Herzlichkeit, so als wären wir schon alte Bekannte. Sie haben für den Besuch aus Deutschland natürlich Bier besorgt, der Grill ist bereits »angeheizt« – so stellt man sich die Staaten vor! Auf dem Grillrost brutzeln unsere Hamburger – und das sind wahrscheinlich die teuersten Buletten der Welt.
Dan Morgan züchtet nämlich als einer der wenigen »Langnasen« Wagyu-Rinder.

Die *Sand-Hills* in Nebraska: Hügel, bewachsen mit Millionen von kleinen Sonnenblumen – grün und gelb so weit das Auge reicht.

Eine Rasse, die außerhalb von Japan nur schwer zu finden ist. Vor allem deshalb, weil die Japaner diese Kühe hüten wie ein Staatsgeheimnis, aber auch weil der Markt für dieses außergewöhnliche Fleisch noch sehr klein ist.

Bis vor wenigen Jahren war Kobe-Rind hierzulande nur Eingeweihten ein Begriff, heute dagegen ist es – bildlich gesprochen – in aller Munde. Viele haben inzwischen davon gehört oder gelesen, aber nur wenige haben es auch gekostet. Es wird beim Großteil der Bevölkerung immer noch als Geheimtipp gehandelt – auch weil sich viele Geschichten über dieses außergewöhnliche Fleisch erzählen lassen.

Unser Gastgeber kennt die meisten und in den nächsten Tagen werden wir alles aus erster Hand erfahren.

Mel Gibson ist ein prächtiger Stier …

Früh am nächsten Morgen lernen wir Mel kennen und Julia, gewissermaßen gehören die auch zur Familie.

Das ist eine von Dans Geschichten: Seine Schwester, erzählt er, besitze einige sehr schöne Wagyus, aber eigentlich arbeite sie in Hollywood und komme durch ihren Job mit vielen bekannten Größen aus dem Showbiz zusammen. Sie habe natürlich ihre Lieblinge unter den Stars und das schlägt sich dann auch schon mal in der Namensfindung nieder.

Mel sieht in der Tat recht markant männlich aus, ein richtiger Frauenschwarm – fragen Sie Julia …

Mel in Aktion. Wenn sich Stiere und Jungbullen begegnen, geht das nicht ohne Droh- und Imponiergehabe ab. Bei den sonst so behäbig und ruhig wirkenden Tiere bricht sich dann Wildheit und Kraft seine Bahn. Ein sehr imponierendes, respekteinflößendes Schauspiel, wenn drei Zentner Muskeln sich in Bewegung setzen.

Endloses Weideland, Wind, Wetter und vom Menschen nahezu unbehelligt – das Beste, was einem Rind passieren kann

Sie haben ein schönes ruhiges Leben hier draußen. Etwa 30 Bullen und um die 1.000 Kühe hat Dan im Moment zur Zucht ausgewählt, schöne Tiere, kräftig, recht klein und kompakt mit dunklem, glänzendem Fell. Anders als ihre japanischen Artgenossen verbringen sie ihr Leben nicht im Stall, sondern unter freiem Himmel, unbehelligt von Mensch und Zivilisation. 2.000 Tiere haben hier runde 7.000 Hektar Land, um sich auszutoben.

In ihrem ersten Lebensjahr entwickeln die Tiere feste Muskeln, einen kräftigen Knochenbau und einen gesunden Appetit, den sie mit Gras und Wildkräutern stillen.

Wir sind unterwegs zu unserer ersten Wagyu-Herde, der Pick-up tut sich schwer auf dem lockeren Untergrund. Die Orientierung hab ich schon lange verloren – endlos dehnt sich das hügelige Grasland zu allen Seiten aus. Fahren wir mal wieder über eine Kuppe, sieht man bis zum Horizont nichts als Grasgrün und Sonnenblumengelb. Dan kennt aber offensichtlich jeden Hügel hier und er bringt uns

zu einer der höchsten Erhebungen im Umkreis. Wir stehen auf unserem Ausguck. Um uns ein grünes Meer mit hohem Wellengang. Und am Horizont, kaum zu erkennen, der nächste Nachbar.
Keine Straße scheint hinzuführen, das einzige weithin sichtbare Zeichen von Menschenhand ist ein Windrad. Diese typischen Gerüste mit den kleinen metallenen Flügeln obenauf pumpen das Wasser aus dem sandigen Grund. An diesen Wasserstellen versammeln sich jeden Nachmittag regelmäßig die Rinderherden. So können also die Rancher die Tiere begutachten; kranke Tiere rechtzeitig erkennen, trächtige Kühe beobachten oder sehen, welche der Kühe gerade bereit ist für Mel oder einen anderen der Bullen.

Der Rancher kennt viele seiner Tiere beim Namen, meist auch die Mutterkuh und den passenden Stier

Eine Gruppe Jungbullen hat sich um eine Kuh versammelt; eine Gruppe innerhalb der Herde, die uns nie aufgefallen wäre – Dan sieht sie sofort und klärt uns auf.

Die typischen Windräder, die jeder aus unzähligen Cowboy-Filmen kennt. Der sandige Untergrund lässt den Regen zwar schnell versickern, allerdings nicht sehr tief.
Die Herden versammeln sich regelmäßig an diesen Wasserstellen, so können sie von den Ranchern auch einfach kontrolliert werden.

Der Bruder von Dan bringt ein versprengtes Kalb zu seiner Mutter zurück ...
Das Kälbchen war am Morgen mit der »falschen« Herde mitgelaufen. Um so etwas zu bemerken, bedarf es schon einiger Erfahrung. Diese »Einzelbetreuung« ist zwar aufwendig aber notwendig. Ohne seine Mutter ist das Kälbchen orientierungslos und auch hilflos gegen die umherziehenden Coyoten.

Dan Morgan zeigt Claudio Urru stolz seinen Besitz. So weit das Auge reicht ...

Die Tiere leben in kleinen Herden von 50 bis 100 »Köpfen« zusammen und obwohl viele der Tiere für uns ähnlich aussehen, nennt Dan die meisten beim Namen und die Namen des Bullen und der entsprechenden Mutterkuh kennt er meist auch. Vielleicht hilft ihm dabei das kleine Schildchen am Ohr jedes Tieres. Diese sind verschieden farbig und mit Buchstaben und Zahlenkombination versehen, damit kann Dan die Stammbäume alle seiner Tiere zurückverfolgen.

Die ersten Wagyus außerhalb Japans waren ein Geschenk des Tenno

Insgesamt sieben Linien hat Dan Morgan in seinen Herden – das ist ein ausreichend großer Gen-Pool um gute, gesunde Tiere zu züchten. Wie er dazu gekommen ist, ist eine ganz besondere Geschichte, eigentlich sogar zwei: Da gab es diesen amerikanischen Professor, einen Mediziner, der nach Japan gerufen wurde. Ein Mitglied der Kaiserfamilie war ernsthaft erkrankt. Der Mediziner konnte helfen und heilte seinen Patienten. Und beinahe wie im Märchen wurde der Mediziner nach seinen Wünschen gefragt.
Nachdem er bei seinem kaiserlichen Gastgeber Kobe-Rind serviert bekommen hatte, wünschte er sich einige der wertvollen Tiere. Und der Tenno selbst soll daraufhin drei Bullen und einige Kühe in die USA geschickt haben – die ersten Kobe-Rinder außerhalb Japans.

Der Grundstein von Dan Morgans Wagyu-Herden geht allerdings zurück auf eine japanische Firma, die die Kobe-Rinder in den späten 60ern oder Anfang der 70er Jahre mit in die Vereinigten Staaten gebracht hatte.
Irgendwann in den 90er Jahren des zurückliegenden Jahrhundersts gingen die Japaner zurück in ihre Heimat und verkauften ihren gesamten Bestand an Wagyus.

Inzwischen ist die Dan Morgan Ranch in der sechsten Generation mit ihren Rindern und die Viehzüchter haben im Laufe der Jahre immense Erfahrungen gesammelt und einen erstklassigen Bestand an Tieren.
Inzwischen hat sich der Ruf dieser erstklassigen Zucht aus den USA weltweit herumgesprochen und selbst das japanische Fernsehen war inzwischen schon zu Gast hier und berichtete über die amerikanischen Kobe-Rinder.

Eine Rinderherde in der Morgensonne, ein imposanter Anblick.

Der Beiname Nebraskas: »Cornhusker-State« – Maisspeicher-Staat kommt nicht von ungefähr. In den weiten Prärieebenen haben sich viele Rancher und Farmer niedergelassen.

Claudio Urru auf den Spuren alter amerikanischer Traditionen …

Burwell, der nächste Ort mit etwa 600 Einwohnern, richtet das größte Rodeo Nebraskas aus. Viele tausend Besucher strömen jedes Jahr dann hierher, sie kommen aus den gesamten Vereinigten Staaten, um die besten Reiter und Cowboys zu prämieren – Burwell ist die unumstrittene Rodeohauptstadt Nebraskas.

Vor diesem kulturellen Hintergrund war schnell klar, dass Claudio Urru am nächsten Tag unbedingt mit aufs Pferd musste, um eine kleine Herde in den Pferch zu holen. Die Jungtiere werden im ersten Jahr regelmäßig kontrolliert – bei einem Wert von runden 10.000 Dollar verliert man nur ungern eines der Tiere.

… riding the horse

Etwas skeptisch ist dann die erste morgendliche Begegnung zwischen Sternekoch und Pferd schon. Aber nach der Zusicherung, dass es ein sehr ruhiger

Vertreter seiner Rasse sei, freundet man sich schnell an und am Ende des Tages sieht das ungeübte Auge keinen Unterschied zwischen *native born cowboy* und dem »Gastarbeiter« aus Germany. Köche sind in der Regel spontan, sehr flexibel und offensichtlich vielseitig einsetzbar …

Am Abend dann – nach getaner Arbeit – sitzen wir wieder auf der Veranda. Wir haben uns inzwischen vom Bier losgesagt und tun es unserem Gastgeber gleich: Scotch on the rocks – und die Eichstriche an den Gläsern sind hier wirklich nur zur Dekoration.

Einige der Klischees zum Thema amerikanischer Westen sind hier gelebter Alltag

Und wieder ein Klassiker: laue Temperaturen, bald ist Sonnenuntergang und wir versammeln uns auf der großen Veranda vor dem Haus.
Die Männer in verwaschenen Jeans, karierten Hemden und den obligatorischen Stiefeln sitzen lässig auf ihren Stühlen, Zigaretten in den Mundwinkeln. Ihr lautes, herzhaftes Lachen mischt sich mit Tellergeklapper und dem leisen Zischen vom Grill her.

»Tenderloin«, »Sirloin«, »Entrecôte«, »Porterhouse« und »Bürgermeisterstück« ..., während unser Fleisch auf dem Grill seiner perfekten Garzeit entgegenbruzelt, fachsimpeln der Rancher und der Koch über die perfekten Schnitte.
Darüber, dass viele Köche und Gäste immer nur Altbekanntes auf ihrem Teller haben wollen. Dass man vom Filet viel mehr verkaufen könnte und viele mit dem »Rest« nur wenig anzufangen wüssten – oft noch nicht einmal mehr die entsprechenden Namen kennen. Trotz kleiner Sprachbarrieren und anderen Bezeichnungen für bestimmte Schnitte ist man sich schnell einig.

Obwohl modernste Technik im Haushalt schon lange Einzug gehalten hat, bei der Arbeit geht nach wie vor nichts ohne gut ausgebildete Pferde.

Claudio Urru beim Studium der amerikanischen Fachliteratur zum Thema Fleischqualität und Schnitttechnik.

»Die Köche tragen dafür Verantwortung«, sagt Claudio Urru, dass ihren Gästen auch Neues auf den Teller gebracht wird – und manchmal ist das Neue auch einfach etwas Wiederentdecktes – seine Gäste jedenfalls seien immer sehr offen für seine »Empfehlungen«.

An diesem letzten Abend auf der Dan Morgan Ranch haben wir »Bürgermeisterstücke« und »Bauchlappen« auf den Tellern – diese Namen klingen etwas ungewohnt, aber es sind die besten Stücke Fleisch, die ich bis heute kosten durfte.

Hintergrund

Wie kommt das Fleisch nach Deutschland?

Die Schlachtreife haben die Rinder mit etwa 22 bis 30 Monaten und einem Gewicht von 1.400 Pfund. Sie werden in einem EU-zertifizierten Schlachthof in Omaha fachgerecht geschlachtet und zerlegt. Das Rindfleisch reift vor dem Export drei Wochen und wird dann Luft-schockgefroren, um das Aroma zu schützen. Vakuumiert und optimal gereift wird es in Deutschland angeliefert und über die Firma *Otto Gourmet* vertrieben. Ohne weitere Zwischenstationen oder andere Händler.

Was macht dieses Fleisch so besonders?

Um es auf den Punkt zu bringen: es ist das Fett. Bei keiner anderen Rinderrasse ist das Muskelfleisch so fein mit Fettäderchen durchzogen wie beim Wagyu. Während sich bei anderen Rassen das Fett meist um das Muskelfleisch legt und im Anschnitt dann als mehr oder minder dicke Fettschicht um das Fleisch herum erscheint, zeigt sich beim japanischen Rind eine feine Marmorierung des Muskelfleisches. Das Fett ist fein verteilt im Fleisch – ein Ergebnis von konsequenter Selektion, Zucht und Fütterung zum einen, aber auch der genetischen Veranlagung dieser Rinderrasse.

Wagyu – typisch japanisch?

Die genetische Disposition lässt sich so einfach nicht beeinflussen. Die Zucht wohl und Wagyu ist wahrscheinlich ein

typisch japanisches »Produkt«. Es hat viel mit der japanischen Tradition und den Lebensumständen zu tun. Japan ist ein relativ kleiner Inselstaat auf vier Hauptinseln verteilt, gerade mal 378.000 km² groß, und es kommen 377 Einwohner auf einen Quadratkilometer. Im Vergleich dazu: Der Bundesstaat Nebraska kommt auf runde 200.500 km² mit gerade mal 8,5 Einwohnern pro Quadratkilometer. Wenn man sich weiter vor Augen führt, dass die japanische Inselkette auf ihrer ganzen Länge von einem Gebirgszug durchzogen ist, der 73% der Landmasse ausmacht, dann bekommt man ein Gefühl für die dichte Besiedlung des Landes.

Extensive Viehwirtschaft mit großen Herden ist unmöglich. Es gibt eigentlich nur zwei größere Ebenen, hier haben sich die Ballungsgebiete mit den Großstädten Japans entwickelt – eine davon ist Kobe. Japanische Züchter halten also in der Regel keine Herden, meist sind es nur wenige Tiere, die allerdings sehr umhegt werden. Ein spezielles Futter, Stallhaltung und tägliche Massagen lassen dieses einzigartige Fleisch heranreifen. Dieser extreme Aufwand hat seinen Preis. Auf Auktionen werden regelmäßig sechsstellige Eurobeträge für die Tiere erzielt. Hier in Deutschland sind Kilopreise von 200 Euro und mehr üblich.

Tatar vom Wagyu-Rind mit Melonenchutney, Artischocken und Basilikumpesto

Filet vom Wagyu-Rind mit gebratenem Kopfsalat, Vanille-Maisravioli und Lardo

Tatar vom Wagyu-Rind mit Melonenchutney, Artischocken und Basilikumpesto

Tatar vom Wagyu-Rind mit Melonenchutney, Artischocken und Basilikumpesto

Tatar

250 g pariertes Filet
25 g Schalottenbrunoise
15 g Kapernbeeren
5 eingelegte Sardellen
25 g Cornichons
1 TL gehackte Blattpetersilie
Salz, Pfeffer aus der Mühle, Limonensaft
2 EL natives Olivenöl

Alle Einlagen sehr fein hacken und dabei gut vermengen.

Das Filet zuerst in Streifen schneiden, dann in Würfel und anschließend ebenfalls sehr fein hacken.

Das Tatar mit allen Zutaten vermengen und sehr vorsichtig mit den Gewürzen abschmecken.

Fünf Minuten stehen lassen, dann nochmals abschmecken, da sich die Zutaten im Tatar erst entwickeln müssen.

Charentais-Melone

1 Stück Melone à 900 g
2 Schalotten
50 ml natives Olivenöl
Salz, Pfeffer aus der Mühle, Limone, Cayennepfeffer, Mondamin

Melone schälen, entkernen und in kleine Stücke schneiden.

Die Schalottenjulienne in Olivenöl glasig anschwitzen, dann die Melone hinzufügen. Leicht mit Salz und Pfeffer würzen. Bei mittlerer Hitze 10 – 15 Minuten köcheln lassen.

Danach alles fein mixen und durch ein Haarsieb abpassieren. Abschmecken mit Limone und Cayennepfeffer. Das Melonenpüree kurz aufkochen lassen, abschließend mit etwas Mondamin binden. Die Konsistenz sollte cremig sein.

Artischocken

3 Stück geputzte Artischockenböden
2 EL natives Olivenöl
2 Knoblauchzehen
2 Zweige Thymian
Salz, Pfeffer aus der Mühle

Die Artischockenböden in kleine Ecken schneiden und würzen, mit den Kräutern und Knoblauch in Olivenöl braten.

Die Pfanne mit den Artischocken 10 Minuten bei 160 °C in den Backofen stellen und dabei die Pfanne immer wieder schwenken.

Basilikumpesto

125 ml natives Olivenöl
25 g Pinienkerne
20 g Emmentaler
25 g Parmesan
1 Msp. Salz, Pfeffer aus der Mühle
eine Knoblauchzehe
60 g frische Basilikumblätter

Alle Zutaten bis auf das Basilikum in einen Mixer geben und fein mixen (nicht zu lange, da die Masse warm wird und sich wieder trennt).

Basilikum nach und nach zugeben und abschmecken. Anschließend in ein kleines Gefäß umfüllen, abdecken und kalt stellen.

Anrichten

Das Tatar in kleine Nocken abstechen. Auf einem warmen Teller die Nocken diagonal anrichten.

Daneben legen Sie die gebratenen Artischocken an. Dann mit Melonenchutney ausgarnieren.

Zum Schluss mit wenig Pestovinaigrette und Kalbsjus verzieren und eine Prise *Fleur de Sel* aufs Tatar geben.

Filet vom Wagyu-Rind mit gebratenem Kopfsalat, Vanille-Maisravioli und Lardo

Filet vom Wagyu-Rind mit gebratenem Kopfsalat, Vanille-Maisravioli und Lardo

Wagyu-Rinderfilet

Mittelstück vom Filet – etwa 500 g, pariert und am Stück
12 hauchdünne Scheiben Lardo
Salz, Pfeffer aus der Mühle, Fleur de Sel
natives Olivenöl zum Braten
50 g Butter

Um ein Filet perfekt braten zu können, sollte es Zimmertemperatur haben.

Mit Salz und frischem Pfeffer gleichmäßig würzen und in nicht zu heißem Olivenöl ringsherum anbraten. Butter hinzufügen, aufschäumen lassen und das Filet mehrere Male mit der Öl-Butter-Mischung übergießen (Dauer: 4 – 6 Minuten).

Das Fleisch auf ein Gitter legen und an einem warmen Ort etwa 15 Minuten ruhen lassen. (z. B. am Küchenpass, am geöffneten Backofen, Tellerrechaud etc.)

Zur Fertigstellung das Fleisch mit dem Gitter in den Ofen schieben (180 °C) 10 – 15 Minuten, je nach Backofen. Die Kerntemperatur sollte zwischen 45 – 55 °C liegen. (Wo der optimale Gargrad liegt, sollte jeder für sich selber entscheiden).

Wenn die Temperatur erreicht ist, das Fleisch herausnehmen, nochmals ein paar Minuten ruhen lassen und dann in schöne Tranchen schneiden und mit Fleur de Sel bestreuen. Perfekt!

Maisravioli

190 g Mehl (Type 405)
60 g Hartweizengrieß
2 Eigelb – 50 g
2 Volleier
2 EL natives Olivenöl
Salz, Pfeffer aus der Mühle, eine Prise Muskat

Volleier und Eigelb mit Olivenöl und den Gewürzen mixen.

Im gesiebten Mehl eine kleine Vertiefung machen und die Eimischung hineingeben. Alles gut durchkneten, bis ein glatter Teig entsteht.

Den Teig in Klarsichtfolie einschlagen und 2 – 3 Stunden kühl stellen, damit er sich entspannt.

Maisfüllung

3 gekochte Maiskolben
½ getrocknete Vanillestange
25 ml natives Olivenöl
Salz, Pfeffer aus der Mühle, Cayenne, Limone

Die Maiskörner von den Kolben ablösen und im Thermomix fein mixen – wenn möglich ohne zusätzliche Flüssigkeit, ansonsten ein wenig Kalbsfond zugeben. Abschmecken, mit Vanille leicht aromatisieren. Masse sollte sehr fein und homogen sein. In kleine Muffinförmchen füllen und leicht anfrieren.

Den Nudelteig hauchdünn ausrollen und mit einem gezackten Ausstecher von etwa 8 cm Durchmesser markieren.

Eigelb mit Wasser verquirlen und mit einem Pinsel den Teig bestreichen. Die portionierte Maisfüllung in die Mitte des markierten Kreises legen und nun die zweite Lage Nudelteig darüberlegen. Die Luft vorsichtig aus den Ravioli drücken und ausstechen.

Zur kurzen Aufbewahrung die Ravioli auf ein vorher mit Hartweizengrieß bestreutes Tablett legen. Die Kochzeit beträgt 8 – 9 Minuten.

Gebratene Kopfsalatherzen

3 Kopfsalate
20 g Schalottenbrunoise
50 g Butter
50 g Puderzucker
30 ml weißer Portwein
Salz, Pfeffer aus der Mühle
1 EL Kalbsjus

Salat waschen und die äußeren Blätter entfernen. Dann halbieren, den Strunk allerdings stehen lassen, damit der Salat beim Braten nicht auseinanderfällt.

Schalotten in Butter glasig anschwitzen. Salat mit Puderzucker bestreuen und mit Salz und Pfeffer würzen. Dann mit der Schnittfläche in die Pfanne legen. Von beiden Seiten leicht Farbe nehmen lassen. Anschließend mit Portwein ablöschen und einreduzieren lassen. Kalbjus zugeben, zudecken und beiseite stellen.

Nach etwa 10 Minuten ist der Salat zusammengefallen. Zum Fertigstellen den Salat mit dem Fond schön glasieren.

Elsass – kulinarisches Grenzland

Elsass – kulinarisches Grenzland

Stuttgart – Elsass, ein Katzensprung bei schönem Wetter, so wie heute. Blauer Himmel, nicht eine Wolke ist zu sehen und die Sonne scheint angenehm – es herrschen spätsommerliche Temperaturen, selbst die Autobahnfahrt Richtung Straßburg ist angenehm ereignislos. Von der Hauptstadt des Elsass nach Soultz-les-Bains sind es nur 25 Kilometer durch eine herrliche kleinbäuerlich geprägte Landschaft. Die Weinberge strahlen schon in herbstlichen Farben. Es gibt nur wenig große Anbauflächen. Bauerngärten und kleine Wäldchen wechseln sich ab mit Streuobstwiesen und Buschreihen, die die einzelnen Parzellen voneinander abgrenzen. Wir fahren durch lange Alleen, die von alten Silberpappeln gesäumt werden. Neben den Straßen fließen oft Bäche, auf denen sich um diese Jahreszeit schon das erste Laub zu kleinen Inseln sammelt.

Winzer, Bauern und viele gute Restaurants prägen den kulinarischen Ruf des Elsass

Diese bäuerliche Kulturlandschaft hat eine lange Tradition und daraus haben sich regionale Spezialitäten entwickelt, für die viele Badener an den Wochenenden gerne mal zu den linksrheinischen Nachbarn über die ehemalige Grenze pendeln. Bodenständige Küche, bäuerlich deftig, dabei nicht zu knapp bemessen mit der richtigen Prise französischer Leichtigkeit – eine anziehende Mischung.

Sie kommen wegen dem Flammkuchen mit neuem Wein, Sauerkraut, Eau-de-vie, den Elsässer Weißweinen und nicht zuletzt wegen der Foie gras – so auch wir.
Claudio Urru kocht gerne mit Foie gras und ist bester Laune als wir in Soultz-les-Bain ankommen. Es ist eines dieser pittoresken Dörfer; in den Seitenstraßen ahnt man die vergangenen Jahrhunderte, auf der Hauptstraße leuchten die Geranien mit den frisch gestrichenen Fensterläden der renovierten Fachwerkhäuser um die Wette. An jedem zweiten Haus die Schilder der Winzer und Restaurants.
In diesem 800-Seelen-Dorf gibt es einen Geflügelzüchter, den unser Koch schon lange kennenlernen will.

Weine des Elsass: Sylvaner, Pinot blanc, Riesling, Muscat d'Alsace, Tokay, Pinot gris, Pinot noir und Gewürztraminer. Unbedingt probieren: Crémant d'Alsace. Ein feiner spritziger Schaumwein nach der traditionellen, in der Champagne praktizierten Methode hergestellt. Aus Pinot blanc hergestellt, aber auch Pinot gris, Pinot noir, Riesling oder Chardonnay dürfen verwendet werden.

Beste Grundprodukte für die Küche – Claudio Urru kennt seine Lieferanten am liebsten persönlich …

Zwei Profis unter sich. Es wird gefachsimpelt über Produkteigenschaften, Qualitätsmerkmale, optimale Garzeiten und -temperaturen – ein Tag war fast zu kurz.

Ein Grundpfeiler von Claudio Urrus Küche ist die absolute Spitzenqualität der Produkte. Die ständige Suche nach Neuem und Besserem ist deshalb Chefsache. In puncto Qualität und Frische immer die Nase vorn zu haben, mit tollen Produkten zu arbeiten und seinem Gast das Bestmögliche zu bieten, das fordert persönliches Engagement.

Sich nicht auf die Lieferanten der Spitzengastronomie verlassen, sondern einen Monsieur Lucien Doriath persönlich zu kennen, das macht den Unterschied. Die Möglichlichkeit, selbst aus der Gruppe der Premium-Produkte noch die besten Stücke zu wählen; oder die Hintergründe von Aufzucht, Verarbeitung und Lieferwegen zu kennen und so an noch frischere Ware zu kommen; oder im Gespräch neue Anregungen zu bekommen und selbst welche zu geben – das macht den kleinen, aber feinen Unterschied.

Monsieur Doriath hat Mathematik und Physik studiert, eine Qualifikation, die auf einem Geflügelhof nicht unbedingt erwartet wird. Aber wie so oft sind gerade Quereinsteiger die Innovativen, die Erfolgreichen in einem Metier. Und mangelnde Erfahrung kann man Monsieur Doriath auch nicht mehr vorwerfen – 17 Jahre betreibt er inzwischen sein Geschäft nun schon und das mit stetig wachsendem Erfolg.

Sowohl was seinen beständig wachsenden Kundenstamm angeht als auch gemessen an den Spitzenrestaurants in Frankreich und Deutschland, die zu seinen Kunden zählen.

Eine herrliche Auslage …

Akademisch gerüstet …

Akribisch und detailversessen, so wie man sich Mathematiker und Physiker vielleicht vorstellt, verbessert Monsieur Doriath ständig Aufzucht und Haltung der Tiere. Seine Maxime dabei: »… alles, was den Tieren Stress macht, was ihnen nicht gut tut, verschlechtert die Qualität.« Konsequenterweise macht er sich also selbst auf die Suche nach dem Maisbauern, von dem er seinen Mais bezieht. Er kauft nicht beim Großhändler, wo er nicht genau weiß, woher der Mais kommt und wie der behandelt wurde.

Er hat nach längerem Suchen auf der deutschen Seite, in Kehl-Bodesweier, »seinen« Bauern gefunden.

Relativ wenige Enten und Gänse werden gehalten und geschlachtet. Gerade so viele, wie in dem kleinen Betrieb an einem Tag gut verarbeitet werden können. So wird sichergestellt, dass immer absolut frisches Fleisch und frische Zutaten zubereitet und angeboten werden. Alles hier ist Handarbeit, geleistet von erfahrenem Fachpersonal. Qualität hat absoluten Vorrang vor Schnelligkeit oder preislichen Überlegungen.

Herr Körkel und er, sagt Monsieur Doriath, haben die gleiche Wellenlänge, der deutsche Lieferant wisse inzwischen genau, was der französische Kunde wolle, er wirtschafte nach seinen Vorstellungen und garantiere konstante Qualität und Lieferfähigkeit. Ist der Mais nicht von bester Qualität, bemerkt man sofort einen feinen Unterschied im Fleisch der Tiere. Dann fahren beide schon mal gemeinsam aufs Feld, betreiben Ursachenforschung und verabreden Änderungen. Wenige Bauern lassen sich so in die Karten schauen und beziehen ihre Kunden mit ein. Genauso der Hof, der die Tiere liefert. Ein Züchter in der Vendée, der die speziellen Enten und Gänse ausbrütet und aufzieht. 15 Monate verbringen die Tiere draußen und suchen sich ihr Futter im Freilandgehege – sie dürfen nicht von Beginn an zu üppig gefüttert werden, sonst funktioniert die Mast nicht. Die Tiere müssen gesund und kräftig sein. Nur im Wechsel zwischen Auslauf und eher kargem Futterangebot und weniger Bewegung und üppigem Futter entsteht die Foie gras.

Auch hier hat Monsieur Doriath lange gesucht, bis er den richtigen Partner gefunden hatte – inzwischen hat sich aber auch auf diesem Gebiet eine lange und gut eingespielte Geschäftsbeziehung etabliert, die beste Qualität garantiert.
Genauso konsequent wie bei seinen Zulieferern beobachtet er auf dem eigenen Hof akribisch jeden Schritt und feilt ständig an Verbesserungen: Wie lange muss der Mais gekocht werden? Keines der Körner sollte aufplatzen, sonst landen die Nährstoffe im Kochwasser und nicht bei den Tieren. Wie vermeide ich Stress bei den Enten und Gänsen? Das verschlechtert die Qualität. Wie viel Auslauf brauchen gesunde Tiere? Wie füttere ich um auch hier Stress zu vermeiden? Im Moment braucht Monsieur Doriath morgens und abends jeweils vier Stunden für seine Tiere.

Das Sortiment ist groß und umfasst alles, was das Elsass an kulinarischen Highlights zu bieten hat.
Was Rang und Namen hat in der Region, seien es Weingüter, Destillerien oder Hersteller von edlen Konfitüren und anderen Delikatessen, findet sich hier in den übervollen Regalen.

Die eigenen Produkte stehen täglich auf der Speisekarte – die Rückmeldung über die Qualität der Produkte und deren Verarbeitung kommt also ganz direkt.

Der persönliche Kontakt zu seinen Kunden sichert die hohe Qualität

Dass in seiner Manufaktur alles richtig läuft, zeigt natürlich die Qualität seiner Produkte. Aber auch die Tatsache, dass vor einigen Jahren die Tiere etwa drei Wochen gefüttert wurden mit rund 14 Kilo Mais, heute sind es nur noch 8 Kilo innerhalb von 15 Tagen.

Nicht ohne Stolz zeigt uns Monsieur Doriath seine Auslage im Laden, auch das Restaurant ist einen Besuch wert, und selbst in die Ställe und zu den Tieren führt er Besucher – auch das ein Zeichen für Qualität und außergewöhnlich in der Branche.

Die Domaine de la Schleif ist ein kleiner Betrieb, die Zahl der Tiere ist überschaubar und nur das Geflügelfleisch, das man gut an einem Tag verarbeiten kann, wird produziert und geschlachtet. Was morgens um 9 Uhr geschlachtet wird, ist bis 15 Uhr verschafft. Und das ist nicht nur die Foie gras. Hier in der Domaine werden die Tiere komplett verwertet, das Sortiment ist sehr groß. Entenbrust, frisch oder geräuchert, verschiedene Wurstwaren, Rillettes, Pâtes, Terrinen.

Man versteht sich – ganz im Gegensatz zu den Massentierhaltern – als kleine feine Manufaktur, die edle Lebensmittel produziert. Das Geflügel wird

nicht nur auf die Foie gras reduziert und der Rest als »Abfallprodukt« verstanden, sondern alles wird mit derselben Sorgfalt behandelt. Selbst die Karkassen werden zu einem gehaltvollen Fond eingekocht, mit dem dann das Sauerkraut verfeinert wird. Lucien Doriath hat sich einen erstklassigen Ruf erarbeitet und von dem profitiert auch Claudio Urru.

Nach der Führung durch den Betrieb stehen die beiden zusammen, der Koch und der Physiker, und tauschen Zahlen und Rezepturen aus – für Amateure hört sich das Ganze schon ein wenig nach Labor und Versuchsanordnung an. Wie da um einzelne Grade gefeilscht wird, um die optimale Kerntemperatur, wie lange im Vakuum pochieren, welche Aromen sich dazu kombinieren lassen und welche gar nicht zusammen gehen – eine Wissenschaft für sich. Aber hier sprechen zwei Fachleute die gleiche Sprache und die Früchte ihrer gemeinsamen Arbeit machen den Unterschied zwischen Spitzengastronomie à la Urru und einem ahnungslos gekochten Convenience-Menü, für jeden Gast schmeck- und erfahrbar. Dieser Unterschied beginnt eben nicht erst in der Küche, sondern schon beim Lieferanten. Weil aber alle Theorie nur grau ist, sitzen wir nach einem langen Vormittag am Tisch des Restaurants und lassen uns vom Hausherren beraten. Einen Riesling vom befreundeten Winzer und eine kleine Auswahl der Spezialitäten des Hauses vereinen Theorie und Praxis aufs Angenehmste.

Auch das gehört zum Arbeitsalltag eines engagierten Kochs: beobachten und vor allem schmecken – was servieren die Kollegen?
Zugegebenermaßen eine der vielen angenehmen Seiten dieses Berufs.

Royal von Entenleber mit Sot-l'y-laisse und glasiertem grünem Spargel

Elsässische Entenstopfleber mit Rosinenjus und Dreierlei vom grünen Apfel

Royal von Entenleber mit Sot-l‘y-laisse und glasiertem grünen Spargel

Royal von Entenleber mit Sot-l'y-laisse und glasiertem grünen Spargel

Spargel

12 Stangen grüner Spargel
je eine Prise Salz und Zucker
1 EL Butter

Von dem Spargel die Schnittfläche entfernen und das untere Drittel schälen, dann in Salzwasser mit einer Prise Zucker und Butter bissfest abkochen.

In Eiswasser abschrecken und trocken legen.

Anschließend die Stangen in schräge Scheiben schneiden, mit Spargelfond glasieren und eventuell nachwürzen.

Sot-l'y-laisse

24 Stück Sot-l'y-laisse, pariert
(erhältlich in guten Feinkostgeschäften)
4 EL natives Olivenöl
50 g Butter
Salz, Pfeffer aus der Mühle

Zwei Esslöffel Olivenöl erhitzen, das Sot-l'y-laisse leicht würzen und in dem Olivenöl von allen Seiten leicht Farbe nehmen lassen (Dauer 3 – 4 Minuten).

Anschließend Butter dazugeben und aufschäumen lassen. Es sollte beim Braten keine Kruste entstehen, da es sich um sehr zartes Fleisch handelt.

Royal von Entenleber

180 g Entenleberparfait aus dem Feinkosthandel
300 ml Geflügelessenz
1 TL Zucker
120 ml Sahne
4 Volleier

Alle Zutaten sollten zimmerwarm sein, erst dann alles zusammen mixen, ohne allzu viel Schaum zu erzeugen.

Durch ein Haarsieb abpassieren und abschmecken.

Die Masse im noch warmen Zustand in einen Suppenteller füllen und bei etwa 80 °C im Dampf stocken lassen. Das dauert etwa 8 bis 12 Minuten.

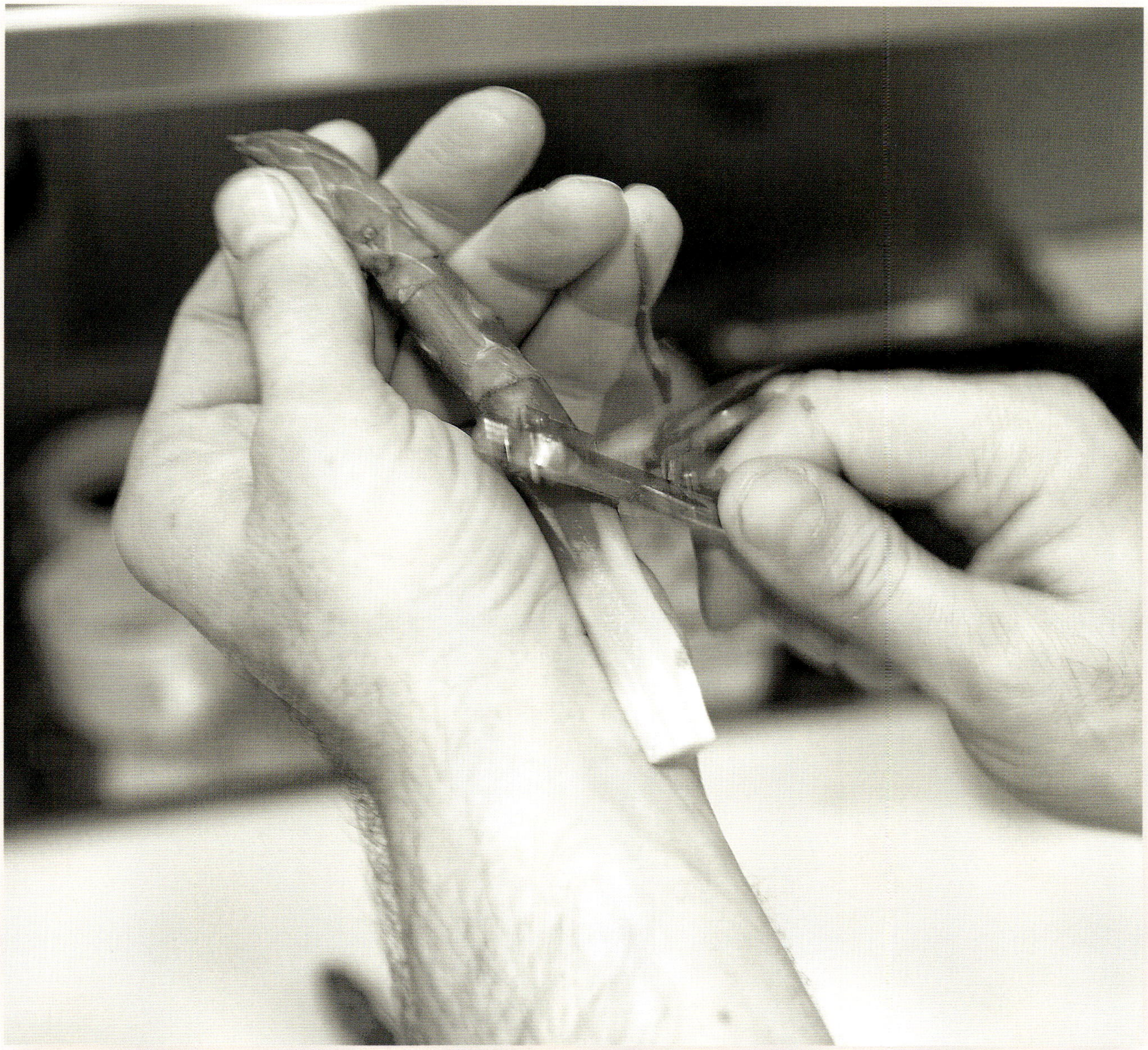

Anrichten

Den glasierten Spargel und die Sot-l'y-laisse schön auf der Royal verteilen. Mit etwas Geflügeljus nappieren.

Sehr gut dazu passen auch glasierte Morcheln. Das Gericht sollte unbedingt warm serviert werden.

Elsässische Entenstopfleber mit Rosinenjus und Dreierlei vom grünen Apfel

Gebratene Entenstopfleber

6 Scheiben (etwa 1cm dick und 40 g schwer)
etwas Mehl zum Bestäuben
1 EL natives Olivenöl zum Anbraten

Die 1 cm dicken Scheiben der Entenstopfleber leicht plattieren. Mit Mehl bestäuben und in einer Pfanne mit wenig Öl von beiden Seiten goldbraun anbraten.

Für die Sauce

50 g Rosinen in rotem Portwein eingelegt
150 ml Geflügeljus

Mousse von der Entenstopfleber

200 g Parfait von der Entenstopfleber
1 Blatt Gelatine
120 g geschlagene Sahne

Das Parfait in einer Sauteuse leicht erwärmen und darin die eingeweichte Gelatine auflösen. In der Zwischenzeit eine kleine Terrinenform mit Klarsichtfolie auslegen und kalt stellen.

Die Masse auf Eis kalt rühren und, kurz bevor die Masse anzieht, die geschlagene Sahne leicht und locker unterheben, abfüllen und sofort kalt stellen.

Dreierlei vom grünen Apfel

5 Granny-Smith-Äpfel

Die Äpfel waschen und entsaften. Sie sollten ungefähr 0,5 Liter Apfelsaft ergeben.

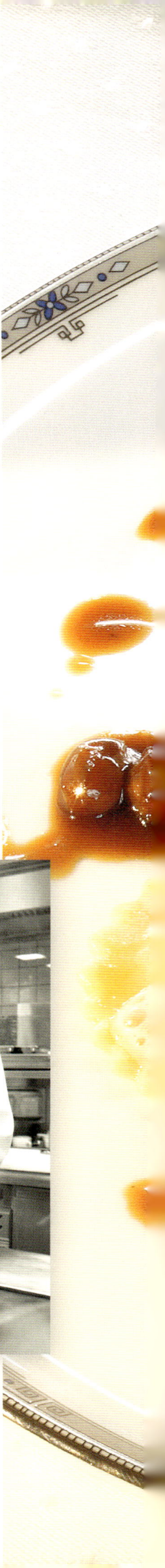

Elsässische Entenstopfleber mit Rosinenjus und Dreierlei vom grünen Apfel

Sorbet

125 ml Apfelsaft
0,2 cl Sekt
0,1 cl Calvados
220 g Sorbetläuterzucker

Für den Läuterzucker:
30 g Glucose
125 ml Wasser
125 g Zucker
4 Blatt Gelatine

Wasser und Zucker aufkochen und darin die eingeweichte Gelatine und die Glucose auflösen.

Für das Sorbet alle Zutaten verrühren, abschmecken und in einer Sorbetiere frieren.

Ohne Sorbetiere geben Sie alle Zutaten in ein Gefäß und stellen dieses in die Tiefkühltruhe. In regelmäßigen Abständen müssen Sie die gefrierende Flüssigkeit umrühren.

Gelee

125 ml Apfelsaft
2 Blatt Gelatine
1 TL Puderzucker

Den Apfelsaft aufkochen und abschäumen. Die eingeweichte Gelatine und den Puderzucker darin auflösen und gleich kalt stellen.

Wenn das Apfelsaft-Gelee angezogen hat, mit einem Messer fein hacken.

Kompott

125 ml Apfelsaft
1 TL Puderzucker
1 Granny Smith (etwa 180 g)
10 g Mondamin

Den Apfel waschen, schälen und in kleine Würfel schneiden (etwa 4 x 4 mm).

Saft und Zucker aufkochen und abschäumen. Mondamin mit wenig kaltem Wasser anrühren und den Saft leicht abbinden.

Die Würfel in dem Saft nochmals leicht aufkochen, abfüllen und kühl stellen.

Anrichten

Einen Löffel Kompott zur gebratenen Entenstopfleber und das Gelee zum Mousse reichen. Zum Sorbet passt ein Entenstopfleberravioli.

Mit der Rosinenjus nun die Entenstopfleber nappieren. Als geschmackliche Abrundung empfehle ich dazu frische Feldsalatsprösslinge.

Hoch über dem Attersee

Hoch über dem Attersee

Wir stehen im kniehohen Gras einer Bergwiese und schauen über ein breites Tal hinweg auf andere sattgrüne, saftige Bergwiesen und Wälder. Hinter den grünen Hügeln erheben sich massive Bergrücken, die jetzt, im Frühjahr, noch an vielen Stellen mit weiten Schneefeldern bedeckt sind. Unter uns, im Talgrund, liegt azurblau und strahlend in den ersten warmen Sonnenstrahlen dieses Jahres der Attersee. Kleine Boote und Ausflugsdampfer im Märklin-Format streben den Ufern zu.

Unten im Tal liegt der Attersee. Das Salzkammergut ist reich an Seen. Der Mondsee liegt in unmittelbarer Nachbarschaft, der Fuschlsee etwas weiter vom Attersee entfernt. Eine herrliche Landschaft für Urlaub und natürlich auch für Bauern und Landwirte.

Bergbauernidylle so weit das Auge reicht – Kaiserwetter inklusive

Kitsch hin oder her, diese Szenerie kann man nur staunenden Auges betrachten. Und um das Klischee perfekt zu machen, gibt es hier auf der Wiese vor dem Hof frei laufende Hühner und echte Dreckschweine – eben frisch aus der Suhle! Die mächtigen Ochsen stehen hinter dem Haus in einem Freigehege mit Unterständen – einen Stall brauchen sie nicht. Enten haben wir auch schon durch das hohe Gras watscheln sehen und die Hofkatze döst auf der Bank vor dem Haus. Das ist die Landschaft, die wir alle aus der Fernsehwerbung kennen – österreichische Bergbauernwelt, Kaiserwetter inklusive.

Die Hühner laufen frei am Hof umher, suchen sich ihr Futter in den Wiesen rund ums Haus und bei den Ställen. Unter den Zwetschgenbäumen finden sie um die heiße Mittagszeit bei Bedarf auch Schatten.

Bei so viel Bilderbuchromantik fragt man unwillkürlich, ob hier ein Film gedreht wird oder ob es sich um eine Art Modellbauernhof handelt, der an irgendeinem EU-Subventionstopf hängt.
Aber weiter könnte man von der Wahrheit gar nicht entfernt sein. Hier geschieht nämlich gerade das Gegenteil all dessen, wofür die gegenwärtige EU-Agrarpolitik oft steht: Weg von der Massentierhaltung in möglichst großen Einheiten; weg von den normierten und hochgezüchteten »modernen Rassen«; weg von den Agrarfabriken, die ihr Heil in industriell ausgerichteten Monostrukturen suchen; weg von der Maxime möglichst hoher Erträge bei gerade noch vertretbarer Qualität, und hin zu bestmöglicher Qualität für Kunden, die den ehrlichen Preis dafür bezahlen wollen.
Mittelfristig auch zurück zu bäuerlichen und wirtschaftlichen Strukturen, die einen Hof herausführen »aus der Subventions-Abhängigkeit und dem bäuerlichen Familienbetrieb wieder eine würdige Existenz sichern«. Das sagt und dafür steht Paul Brzon.
Also ein Don Quichotte in Österreich? Könnte man meinen, wenn man den Mann nicht kennt, der hinter »LandArt« steht.

LAND
ART

Zwei, die sich verstehen!
Wer selbst in der Küche steht, weiß, welche Qualität der Kollege am Herd jeden Tag benötigt, um in der Spitzengastronomie zu bestehen.

Bauer, Sternekoch und Großhändler …

Claudio Urru weiß genau, wen wir hier im Salzkammergut besuchen. Paul Brzon war jahrelang ein Kollege. Ein Koch, der schon in vielen sternegekrönten Küchen am Herd stand. Zuletzt am eigenen, im »Chez loup« in Bonn.

Den Grundstein zu LandArt legte Karl Heinz Wolf, Gründer von Rungis Express. Ein Handelsbetrieb, der wahrscheinlich alle Sterneküchen mit Premiumware beliefert. Der Betrieb wuchs seit der Gründung 1978 rasant und war bald Primus, was Qualität, Frische und die Kundenliste anlangte. Nur acht Jahre später verkaufte Karl Heinz Wolf den zum Marktführer gewordenen Rungis Express, um sich fortan dem Thema Spitzenqualität von anderer Seite her zu nähern.

Heute steht Paul Brzon hier auf dem Hof – welch glückliche Fügung, was für eine wundervolle Kombination! Ein »Bauer«, der sich mit Sterneköchen auf Augenhöhe unterhalten kann – einer, der weiß, wie es in der Küche zugeht und was der Küchenchef braucht! Einer, der die 16-Stunden-Knochenmühle durchgestanden hat – und dabei auch sehr erfolgreich war.

Ein »Sternekoch«, der seinen Rindern und Schweinen beim Wachsen zusieht, der sie selbst füttert, hegt und pflegt – ein Sternekoch mit Stallgeruch!

Dass diese Talente so hervorragend versammelt sind, ist bemerkenswert, und das Beste: Paul Brzon hat viel zu erzählen und das tut er so charmant und engagiert, dass wir ihm gerne zuhören.

Wir machen dabei einen Rundgang über den Hof. Zuerst besuchen wir dabei seinen »Atterochsen«. Das mächtige Rind steht im Unterstand nah beim Haus und verschläft, wie die Hauskatze, die Mittagsstunden. Durch uns lässt er sich nicht aus der Ruhe bringen. Mit der Ruhe kann es allerdings auch sehr schnell vorbei sein, wenn so einem Ochsen etwas nicht passt. Seine Tiere, sagt Paul Brzon, leben draußen auf der Weide und fressen sich durch seine

saftigen Bergwiesen. Und das macht sich auch im Charakter der Tiere bemerkbar: weniger nervös als die Mastware der Großbetriebe, dafür auch sturer, wenn etwas nicht passt – typisch Ochse eben. Gegen seine Atterochsen sind die Jungbullen, die in Großbetrieben aufgepäppelt werden, aufgeschwemmte Stubenhocker. Die werden gerade mal halb so alt und müssen sich weder ihr Futter selber »erlaufen« noch haben sie den nötigen Auslauf dazu. Die Folge von wenig Bewegung und reichhaltigem Essen sind überall die selben – wenig Muskelmasse, mehr Fett. Paul Brzons Ochsen werden mindestens drei Jahre alt und haben ein großes hügeliges Areal zur Futtersuche. Die Folge: deutlich mehr Muskelmasse und eine bessere Fettverteilung. Vor diesen Galloway-Ochsen hat man wirklich Respekt! Wenn sie dann geschlachtet werden, passiert das im nächstgelegenen Betrieb. Begleitet von einer bekannten Person und am späten Nachmittag, wenn der reguläre Schlachtbetrieb schon zu Ende ist – schnell und so stressfrei wie irgend möglich.

Die Rinder verbringen ihr Leben auf der Weide. Man sieht, schmeckt und riecht, ob ein Tier mit Kraftfutter hochgezüchtet wurde oder ob es artgerecht aufgewachsen ist – ohne Industriefutter, dafür mit genügend Zeit und Auslauf.

Impressionen vom LandArt-Bauernhof am Attersee.

Mit den Schweinen hier am Hof verhält es sich ähnlich. Sie haben ein etwa dreimal so langes Leben wie ihre Artgenossen im Mastbetrieb. Im Gegensatz zu diesen haben sie noch nie einen Betonspaltboden gesehen, dafür haben sie eine Suhle im feuchten Boden nahe des Waldrandes.

Das artgerechte Nahrungsangebot, das artgerechte Umfeld, der Auslauf und das damit verbundene langsamere Wachstum und letztlich auch das höhere Alter lassen ein Fleisch reifen, das geschmacklich um Potenzen mehr zu bieten hat als die Standardware, die wir heute allenthalben angeboten bekommen.

Ein Fleckchen Erde, auf dem man auch zur Ruhe kommt. Auf einem Bauernhof gibt es immer was zu tun, aber manchen Dingen lässt man auch ihren Lauf; manche Dinge brauchen einfach ihre Zeit.

Spitzenköche haben als »Meinungsmacher« natürlich die Möglichkeit, das Ess- und Kaufverhalten zu beeinflussen. Und der Konsument bekommt, was er verlangt …

Das ist nun eines der Lieblingsthemen von Paul Brzon. Die Marktmechanismen und die Mitverantwortung von Käufer und Gastronomie: Verloren gegangenes Wissen, fehlende Lust, »Neues« zu probieren, schnell und bequem – das sind Begründungen für den Umstand, dass er doppelt, ja dreimal so viel Filets verkaufen könnte, aber zunehmend Schwierigkeiten bekommt, die anderen Teile des Rinds gut zu vermarkten. Das Kurzgebratene – zweimal drei Minuten in der Pfanne, zehn Minuten im Ofen, fertig – das ist, was die Käufer und letztlich auch die Gastronomen über die letzten Jahre hinweg zum Kult erhoben haben, zum Standard. Die aufwendigeren Rezepte für Schmorgerichte oder gar Innereien wie Beuscherl, Herz, Leber oder Niere finden sich immer seltener auf den Speisekarten.

Ein Samstagnachmittag bei einer Brotzeit, eigenem Wein und vielen Gedanken über die Gastronomie, die Landwirtschaft und die Macht und das Einkaufsverhalten der Verbraucher.

Claudio Urru nickt. »Es liegt an uns, unseren Gästen diese anderen Gerichte zu präsentieren. Meine Stammgäste kenne ich gut und sie vertrauen blind meinen Empfehlungen. Spitzenleistungen aus der Küche werden dann immer honoriert, egal welcher Schnitt oder welches Fleisch! Wer nur Filets kann, ist immer abhängig davon und kann nie günstigere Teile einkaufen. Allerdings, diese anderen Gerichte fordern in der Tat mehr Kreativität, oft mehr Zeit und handwerkliches Arbeiten in der Küche. Auch das Wissen, wie solche unüblichen Zuschnitte richtig behandelt werden müssen, um daraus Gerichte zu zaubern, die meinen hohen Ansprüchen genügen. Innereien etwa können was Herrliches sein, wenn man sie richtig zubereitet – ihnen haftet oft noch das Etikett *Arme-Leute-Essen* an und damit wurden sie hierzulande einfach von vielen Speisekarten verbannt.«
Wenn man bedenkt, dass wir einige tausend Kilometer westwärts in Nebraska, USA, genau die gleichen Sätze gehört haben ... Das ist zwar nicht repräsentativ, aber einen Trend könnte es allemal aufzeigen.

Die aberwitzige Konsequenz, die sich daraus ergeben könnte: Filets bleiben teurer und sind gut zu vermarkten, es werden also mehr produziert. Das andere Fleisch – eine riesige Menge im Verhältnis zu den Filetstücken – wird zwar günstiger, kann aber nicht in der Masse verkauft werden. Es wandert also als billiges Tiermehl zurück ins Futter der Mastbetriebe und hilft so weiter, mehr billiges Fleisch zu produzieren. Zugegeben, ein sehr einfaches Schema, aber funktioniert die Industrie nicht genau so?

Alte Strukturen zu ändern ist Sysiphus-Arbeit – neue Ideen sind dabei gefragt ...

Es ist schwer, Strukturen zu ändern, die so lange und in so weiten Teilen unseres Lebens Fuß gefasst haben – bei Claudio Urru essen zu gehen und sich dabei auch auf kulinarische Seitenpfade führen zu lassen, ist sicherlich eine der angenehmsten Arten, daran mitzuwirken.

Das ehemalige Forsthaus aus der Zeit, als Österreich-Ungarn noch glorreiche k.u.k. Monarchie war.
Es liegt hoch über dem Attersee, idyllisch von Obstbäumen umgeben. Im Hintergrund der Waldrand und ein kleines Hochmoor – ein Naturschutzgebiet, in dem viele seltene Pflanzen gedeihen.

»LandArt« ist ein Glücksfall und vielleicht auch ein Zukunftsmodell für die richtige Richtung. Nicht jeder kleine Bauer ist gleichzeitig ein so geschickter Vermarkter wie Paul Brzon, hat auch nicht diese Vorgeschichte, das Wissen und die vielen unbezahlbaren Kontakte.
Verbraucher und Spitzengastronomen können auch nicht zu Hunderten über Land fahren, um von dem einen Bauer die Milchprodukte, vom anderen Fleisch und vom Dritten das Gemüse zu kaufen. Aber das alles gibt's bei »LandArt«. Paul Brzon kauft bei umliegenden Bauern das, was er selber nicht produziert, und gibt mit seinem Wissen vom Markt und dessen Bedürfnissen gleich auch Qualitätsvorgaben an diese Landwirte weiter. So bietet »LandArt« seinen Kunden neben seinen eigenen Produkten auch Lamm und Zicklein, Fisch aus dem Attersee, Wild aus »eigener« Jagd, Geflügel, Wurst- und Schinkenspezialitäten, Milchprodukte, Honig, Marmeladen und einiges mehr – alles aus bäuerlicher Produktion.
Der Käufer hat die Sicherheit und Gewähr, dass alles, was er unter dem Label »LandArt« kaufen kann, dem Standard der Haute Cuisine genügt. Dafür stehen Paul Brzon mit seinem Namen und Kunden wie Claudio Urru.

Gepökelte Schweinebäckle
mit Kohlrabi à la crème
und Petersilienjus

Krosser Attersee-Hecht
mit Erbsenrisotto, Flusskrebsen und
Rotweinbuttersauce

Filet und Bries vom Milchkalb mit
geschmortem Spitzkohl, Römischen Nockerln
und Périgord-Trüffeljus

Gepökelte Schweinebäckle mit Kohlrabi à la crème und Petersilienjus

Gepökelte Schweinebäckle mit Kohlrabi à la crème und Petersilienjus

Schweinebäckle

18 parierte, gepökelte Schweinebäckle
(beim Metzger erhältlich)
100 ml natives Olivenöl
je 50 g Karotte, Staudensellerie, Tomate, Champignons, Lauch, Schalotten, Sellerie, Petersilienstiele
2 Zweige Thymian
2 Zweige Rosmarin
3 – 4 Zehen Knoblauch
Salz, Pfeffer aus der Mühle
Lorbeerblätter
Wacholderbeeren
Kümmel

Das Gemüse in kleine Würfel schneiden und in Olivenöl anschwitzen, dann alle Kräuter und Gewürze zugeben.

Die Schweinebäckle dazugeben und – wenn vorhanden – mit Fond auffüllen, ansonsten mit Mineralwasser, sodass alle Zutaten gerade eben bedeckt sind.

Etwa 1½ bis 2 Stunden leicht köcheln lassen. Dann die Schweinebäckle im Fond abkühlen lassen.

Petersilienfond

200 g Blattpetersilie
250 ml Geflügeljus
250 ml Bäcklefond
einige Petersilienstiele

Petersilie zupfen, waschen, kurz in Salzwasser blanchieren und abschrecken. Trocknen und in einem Thermomix sehr fein mixen, eventuell noch etwas Flüssigkeit zum Püree zugeben.

Die restlichen drei Zutaten um die Hälfte einkochen lassen. Kurz vor Schluss einen Esslöffel Petersilienpüree zugeben.

Anrichten

Vor dem Servieren die Bäckle in der Sauce schön glasieren. Für den letzten Schliff noch 20 g kalte Butter einmontieren.

Den Kohlrabi in die Mitte des warmen Tellers geben. Dann die glasierten Bäckle und die Shiitake-Pilze verteilen.

Abschließend mit Petersileinjus schön nappieren.

Kohlrabi

6 kleine Kohlrabi
50 g Butter
50 g Schalottenbrunoise
1TL gehackte Petersilie
125 ml Bäcklefond
100 ml Sahne
Salz, Pfeffer aus der Mühle, Zitronensaft

Kohlrabi in Juliennes schneiden. Schalotten in Butter anschwitzen, Kohlrabi zugeben und würzen. Dann mit Fond und Sahne auffüllen und langsam einkochen lassen. Zum Schluss Petersilie zugeben und mit ein wenig Zitrone abschmecken.

Krosser Attersee-Hecht mit Erbsenrisotto, Flusskrebsen und Rotweinbuttersauce

Markknochen

2 – 4 frische Markknochen

Knochen zimmerwarm werden lassen und dann vorsichtig das Mark herausdrücken. Sauber parieren und in schöne gleichmäßige Scheiben schneiden.

Bis zur Verarbeitung kalt stellen.

Kurz vor dem Anrichten die Markscheiben neben die Morcheln legen und mit *Fleur de Sel* bestreuen.

Flusskrebse

12 Flusskrebse à 100 g
etwas Butter
Fischfond
eine Limone

Flusskrebse in kochendes Wasser geben und etwa 5 – 6 Minuten am Rand des Herdes leicht ziehen lassen. Herausnehmen und abschrecken.

Danach den Schwanz und die Scheren vorsichtig ausbrechen und in klarem Wasser kurz abspülen.

Das Krebsfleisch in wenig Butter und Fond warm machen und ein wenig mit Limone beträufeln.

Morcheln

24 sauber geputzte Spitzmorcheln
25 ml Madeira
50 g Butter
1 TL Schalottenbrunoise
1 TL gehackte Blattpetersilie
1 EL Kalbsjus
Salz, Pfeffer aus der Mühle

Die geputzten Morcheln mehrmals waschen und dann trocknen.

Die Schalotten in Butter anschwitzen, die Morcheln dazugeben und leicht würzen.

Mit Madeira ablöschen und etwas einreduzieren lassen. Dann die Petersilie und die Kalbsjus zugeben, abschließend abschmecken und glasieren.

Rotweinbuttersauce

100 ml Rotwein
100 ml roter Portwein
20 ml Sahne
15 g kalte Butterwürfel

Rotwein und Portwein um etwa 85 % einkochen. Dann die Sahne zufügen und nochmals aufkochen lassen.

Den Topf vom Herd nehmen und langsam die kalten Butterwürfel einmontieren, sodass eine schöne homogene Sauce entsteht.

Erbsenrisotto

150 g Carnaroli superfino
50 ml natives Olivenöl
600 ml Fischfond
30 g Schalottenbrunoise
5 g Knoblauchzehe, gehackt
30 g geriebener Parmigiano-Reggiano
200 g frische Erbsen – ergibt etwa 120 g Püree
2 EL geschlagene Sahne
Salz, Pfeffer aus der Mühle, Muskatnuss

Die Erbsen in Salzwasser blanchieren, abschrecken und danach durch ein feines Sieb streichen.

Attersee-Hecht

ein Seehecht von etwa 1,3 kg
etwas Mehl zum Bestäuben
Salz, frischer Pfeffer aus der Mühle

Den Hecht schuppen, ausnehmen, filetieren und entgräten. Seine Haut leicht einritzen – am besten mit einer Rasierklinge.

Den Fisch würzen, auf der Hautseite mit ein wenig Mehl bestäuben und in einer Teflonpfanne hauptsächlich auf der Hautseite braten. Dabei sollte die Haut kross werden und der Fisch langsam zur Mitte hin glasig garen.

Dieser Vorgang dauert etwa 6 – 8 Minuten, je nach Größe des Hechts. Zum Schluss umdrehen und sofort anrichten.

Die Schalotten und den Knoblauch in Olivenöl anschwitzen. Dann das Risotto zugeben und mit etwas Fischfond aufgießen und leicht würzen.

Es sollte nur leicht köcheln und bitte ständig umrühren. Die Flüssigkeit sollte nur nach und nach zugegeben werden. Die Kochzeit beträgt 16 – 18 Minuten.

Gegen Ende der Kochzeit den Käse und das Erbsenpüree unterrühren, nochmals abschmecken und abschließend die geschlagene Sahne unterziehen. Es sollte ein cremiger Risotto entstehen.

Anrichten

In die Mitte des warmen Tellers das Risotto anrichten. Auf einer Seite das Mark und die Morcheln anrichten.

Den Hecht und die Flusskrebse an das Risotto anlegen und mit Rotweinbutter umgießen.

Filet und Bries vom Milchkalb mit geschmortem Spitzkohl, Römischen Nockerln und Périgord-Trüffeljus

Filet und Bries vom Milchkalb mit geschmortem Spitzkohl, Römischen Nockerln und Périgord-Trüffeljus

Filet vom Milchkalb

pariertes Filet vom Milchkalb – etwa 800 g
50 ml natives Olivenöl
50 g Butter
Salz, Pfeffer aus der Mühle
ein wenig Mehl zum Bestäuben

Das Filet in 6 gleichmäßige Stücke schneiden, leicht würzen und mehlieren.

In einer Teflonpfanne mit Olivenöl von allen Seiten leicht anbraten. Dann das Fleisch herausnehmen und das Öl aus der Pfanne entfernen.

Die Butter in der Pfanne aufschäumen lassen und das Fleisch in der Pfanne für 4 – 5 Minuten mehrmals mit der heißen Butter übergießen.

Anschließend die Filets auf ein Gitter legen und in der Mitte des Backofens bei 180 °C fertig garen. Die Kerntemperatur sollte etwa 50 °C betragen.

Das Fleisch aus dem Ofen nehmen und für 2 – 3 Minuten ruhen lassen, dann in schöne Scheiben schneiden und mit *Fleur de Sel* bestreuen.

Trüffeljus

30 g Périgord-Trüffel – frisch oder eingekocht als Konserve
250 ml Kalbsjus
50 g kalte Butter

Trüffel fein hacken. Die Kalbsjus etwas reduzieren, bis die gewünschte Konsistenz erreicht ist.

Dann die kalte Butter in kleinen Mengen einmontieren und den gehackten Trüffel zugeben.

Kalbsbries

180 g geputzte Kalbsbries-Röschen (beim Metzger vorbestellen)
50g Butter
Salz, Pfeffer aus der Mühle

Das Kalbsbries mit Salz und Pfeffer würzen. Die Butter aufschäumen lassen und darin das Bries langsam von allen Seiten goldbraun braten.

Römische Nockerl

500 ml Milch
50 g Butter
130 g Grieß
60 g Eigelb
60 g Eiweiß
20 g geriebener Parmigiano Reggiano
Salz, Pfeffer aus der Mühle, Muskat

Die Milch mit der Butter aufkochen und leicht abschmecken. Mit einem Holzlöffel langsam den Grieß unterrühren und auf kleiner Flamme abbrennen – etwa 6 – 8 Minuten.

In der Zwischenzeit das Eiweiß leicht steif schlagen.

Die Grießmasse dann in eine kalte Schüssel umfüllen und mit einem Schneebesen das Eigelb schnell unterrühren, sodass es nicht gerinnt. Dann vorsichtig das geschlagene Eiweiß unterheben.

Die Grießmasse auf eine Backfolie geben und flach verteilen, die Höhe sollte etwa 1 cm betragen. Anschließend kalt stellen.

Vor dem Servieren die Grießmasse in Halbmonde ausstechen und kurz von beiden Seiten goldgelb anbraten. Mit wenig Käse bestreuen und abschließend kurz gratinieren.

Spitzkohl

500 g Spitzkohl in kleine Rauten geschnitten
60 ml natives Olivenöl
25 g Parmaschinken in Würfeln
50 g Schalottenbrunoise
1 EL gehackte Petersilie
eine Prise gemahlener Kreuzkümmel
250 ml Kalbsjus
250 ml Sahne

Den Parmaschinken und die Schalotten in Olivenöl leicht anschwitzen. Dann den Spitzkohl zugeben und bei wenig Hitze anbraten – etwa 10 Minuten.

Anschließend würzen und mit flüssiger Sahne und Kalbsfond auffüllen und cremig einkochen. Zum Verfeinern die gehackte Petersilie und einen Löffel geschlagene Sahne unterheben.

Anrichten

Den Spitzkohl in die Mitte des warmen Tellers geben. Dann das Milchkalb und das Bries daranlegen.

Abschließend die Nockerl dazwischenlegen und mit etwas Trüffeljus umgießen.

CULTURAL VOLUMES / CUSTOM MADE
TRANSFORMABLE FLAT

Im Tal der Rhone – Schokolade und Wein

Im Tal der Rhone – Schokolade und Wein

Die Rhone ist hier, bei der Stadt Tain l'Hermitage, ein breiter, ruhiger, gemächlich dahinfließender Strom. Der Weinbau ist allgegenwärtig – an den Talhängen stehen die Reben in langen geraden Reihen. Die großen Weinkeller der Gegend unterhalten einladende »showrooms«. Besucher sind hier willkommen, es darf probiert werden – ein großer Kofferraum ist dann natürlich überaus praktisch.

Fragt man zehn Köche nach der besten Schokolade, dann kommt von neun, ohne zu zögern: »Valrhona«. Der zehnte überlegt ein kleines bisschen und sagt dann wahrscheinlich auch »Valrhona«. Die relativ kleine Schokoladenmanufaktur im Rhonetal hat es im Kreis der Konditoren, Patissiers und Köche zu Weltruhm gebracht.
Warum, das wollen wir vor Ort gemeinsam mit Claudio Urru erkunden – schon beim Gedanken an die Expedition ins Reich der Schokolade läuft uns das Wasser im Munde zusammen.

Valrhona – im Tal der Rhone

Tain l'Hermitage ist eine kleine Stadt, direkt an der Rhone. Der Fluss fließt hier langsam in einem breiten Bett an der Stadt vorbei. Es gibt entlang des Ufers eine schöne Promenade mit ausladenden

alten Bäumen und Kies bestreut, die typischen Plätze der Boulespieler. Genau gegenüber, am anderen Rhoneufer, liegt Tournon-sur-Rhône. Die Städtchen sind mit zwei Brücken verbunden. Einer älteren, steinernen Brücke, die heutzutage nur noch von den Fußgängern benutzt wird, und einer moderneren, stählernen Konstruktion für die Autos.

Wein und Schokolade haben einiges gemeinsam …

Egal auf welcher Flussseite man steht, sobald die Augen etwas nach oben schweifen, sieht man die Weinberge. Der mächtige Fluss hat sich ein tiefes Tal gegraben, an dessen Hängen gedeihen die Reben prächtig. Einige Domaines aus der Gegend bringen Spitzenweine hervor. Ralf Pinzenscham, Sommelier und Restaurantleiter im *top air*, hat uns eine kleine Einkaufsliste mit auf den Weg gegeben.

In Regionen, die guten Wein hervorbringen, kann man immer auch gut essen – das geht Hand in Hand. Die kulinarischen Traditionen reichen weit zurück und die Ansprüche an Essen und Trinken sind entsprechend hoch entwickelt. Vielleicht ist das ein Teil der Antwort auf die Frage, weshalb Valrhona so hervorragende Schokoladen macht.

»Savoir vivre« … Im Rhonetal wissen die Menschen, das Leben zu genießen. Da wo Weinbau betrieben wird, gab es immer auch eine gute Küche.

Wein und Schokolade – zwei Produkte, die sehr viel Gemeinsames haben. Aus dieser Einsicht heraus nimmt Valrhona schon bei der Entstehung des Rohstoffes, also direkt auf den Plantagen, Einfluss auf die Qualität der Kakaobohnen.
Wie beim Wein wird hier der Grundstein für die Qualität gelegt. Die Arbeit, die man im Weinberg respektive der Plantage versäumt, kann man im Weinkeller respektive der Schokoladen-Manufaktur nicht mehr wett machen.

Dass Wein und Schokolade hier enger miteinander verbunden sind als anderswo, ist vielleicht ein weiterer Teil der Antwort. So wie die Weinherstellung nicht erst in der Kelter beginnt, sondern lange vorher im Weinberg, sieht Valrhona die Geburt einer guten Schokolade schon in der Plantage. Würden Kakaobohnen an der Börse oder beim Großhändler eingekauft werden, wäre ein besonders wichtiger Schritt zu einer hervorragenden Schokolade schon vertan. Aus dieser Erkenntnis heraus betreibt Valrhona zwei eigene Kakaoplantagen in Venezuela und hat mit anderen Plantagen, etwa auf Madagaskar, langfristige Lieferverträge, die es ermöglichen, weitreichenden Einfluss zu nehmen und mit den Plantagenbetreibern vor Ort eng zusammenzuarbeiten.

So wie Trauben die Charakteristik des Bodens, des Klimas und der Pflege widerspiegeln, so ist das natürlich auch bei den Kakaopflanzen. Nur wenn alle Faktoren perfekt zusammenspielen, kann man eine gute Ernte erwarten – der Terroirgedanke, der beim Wein eine immer größere Rolle spielt, den hat man bei Valrhona schon vor längerer Zeit auf Schokolade übertragen. Selbstverständlich werden nur erstklassige Kakaobohnen verarbeitet. Um das zu gewährleisten, gibt es drei Kontrollen, bevor die Bohnen in den Produktionsprozess eingebracht werden. Die Kontrollen vor Ort in den Plantagen garantieren, dass nur beste Ware nach Frankreich verschifft wird. Die Eingangskontrolle selektiert noch einmal und erst dann werden Proben aus den Chargen sortenrein geröstet, um das ganze Potenzial einer Bohne auszuloten. Nicht alle Bohnen vertragen die gleiche Hitze und auch die Röstdauer ist von entscheidender Bedeutung für den späteren Geschmack der Schokolade.

Premium-Kakaobohnen und beste Handwerkstradition

Erst wenn die Röstung optimal auf die Kakaosorte abgestimmt ist und die Bohnen ihre ganze Geschmacksfülle und -komplexität entfaltet haben, werden sie je nach gewünschtem Produkt gemischt – ähnlich den Cuvées beim Wein oder noch treffender der Assemblage bei der Champagnerproduktion. Aus dieser Sicht heraus gibt es beinahe zwingend bei Valrhona Plantagen- und Jahrgangs-Schokoladen. Jeweils im Herbst kommen aus drei Plantagen die besten Bohnen in die Produktion der Jahrgangs-Schokoladen.

und Erdnuss-Impressionen am Gaumen und – wie bei einem trockenen Wein – verklebt die Schokolade nicht eine halbe Stunde lang den Rachenraum, sondern ist, bis auf einen langen Abgang nach dem Schlucken, verschwunden.

Diese Jahrgangs-Schokoladen sind limitiert und im Oktober, wenn die neuen Jahrgänge auf den Markt kommen, sind die aktuellen nahezu ausverkauft. Claudio Urru – ganz Koch – komponiert in Gedanken aus diesen Spitzenschokoladen schon ein neues Dessert für seine Karte. Er probiert immer wieder kleine Stückchen dieser drei Schokoladen, lässt sie langsam auf der Zunge zergehen.

Exquisite Jahrgangsschokoladen von ausgesuchten Plantagen in Venezuela und von Madagaskar.

»Palmira« ist Schokolade aus einer Domaine in Venezuela; »**Gran Couva Trinidad**« kommt ebenfalls aus dem mittelamerikanischen Land und »**Plantage Millot Madagascar**« ist die dritte Plantagen-Schokolade. Auf Wein oder Champagner übertragen, wären das nun die Spitzenlagen der Weingüter eines Jahrgangs.

Diese Jahrgangs-Schokoladen haben einen Kakaoanteil von 64 %. Die »Kellermeister« bei Valrhona sind bestrebt, die Charakteristik der Bohnen herauszuarbeiten, die ganze Geschmacksfülle der Bohne in die Schokolade zu übertragen. Das Ergebnis hat überhaupt nichts mit den süßen Industrieschokoladen im Supermarktregal zu tun, die vor allem süß und möglichst »sahnig-gefällig« im Mund dahinschmelzen sollen. Bei diesen Jahrgangs-Schokoladen erschließen sich äußerst komplexe Geschmacksbilder. Wie beim Wein schmeckt man fruchtige, blumige Noten, leicht herbe und bittere Noten, man hat Honig-

Drei komplexe, sehr unterschiedliche Geschmackseindrücke, die herauszuarbeiten und dem Gast zu präsentieren, ihm eine neue Idee von Schokoladen-

Die Mitarbeiter wissen, dass sie in einem Betrieb arbeiten, der Premium-Kunden in der ganzen Welt beliefert. Sie sind stolz darauf und das bemerken wir auch bei unserem Rundgang durch die Produktionsräume. Offene Gesichter und selbstbewusste Mitarbeiter – vom Abteilungsleiter bis zum Packer. Und Besucher sind hier nicht selten. So ein »offenes Haus« wie bei Valrhona gibt es in der Lebensmittelproduktion nicht oft.

Claudio Urru und Jean-Marc Feret, der Verkaufsleiter, der uns Valrhona zeigt, in einem netten kleinen Restaurant der Umgebung.
Der Koch, ein guter Bekannter, kocht viel mit Schokolade. Etwas, das einige Köche gerade wieder für sich entdecken, wird hier, so nahe an der Quelle, ganz selbstverständlich praktiziert.

geschmack mit auf den Weg zu geben, das gefällt dem jungen Koch. Spontan, ganz seine Art, bestellt er bei Monsieur Feret gleich von jeder Schokolade ein Kistchen. Bei seiner Rückkehr wird sich Claudio Urru in ein stilles Eckchen zurückziehen und seine Idee zu einem Rezept, einem Gericht ausarbeiten. Sich mit seinen Köchen und der Patissière zusammensetzen, versuchen, diskutieren, verändern – so lange, bis der Chef zufrieden ist und in die Karte ein neues Rezept aufgenommen werden kann.

Manchmal zieht sich so ein Entwicklungsprozess über Wochen und Monate hin, ein andermal geht es praktisch über Nacht – man hat die zündende Idee zu einem Produkt, geht in die Küche und »violà, c'est ça« am nächsten Morgen steht das Gericht.
Diese zündende Idee gab es bei der Valrhona-Schokolade offensichtlich – das Dessert steht heute auf der Karte des *top air* und das brandneue Rezept findet sich hier im Buch!
So wie Claudio Urru geht es vielen Besuchern aus der Spitzengastronomie, die hierher kommen.

Spitzenköche und Patissiers aus der ganzen Welt kommen nach Tain l'Hermitage an die Rhone und gehen bei Valrhona in die »Schule«

Ein weiteres Steinchen im Mosaik ist die Experimentierfreude und Innovationskraft, die in dieser Manufaktur steckt. Die Produktentwickler haben mit Sicherheit ihr Ohr am Puls der Zeit, hören in die Küchen, Konditoreien und Patisserien und kreieren jedes Jahr neue Produkte oder verfeinern bestehende. Was aber mindestens genauso wichtig scheint: Valrhona unterhält ein Schulungszentrum für professionelle Anwender. Es ist ein moderner Gebäudekomplex, angebaut an die altehrwürdigen Mauern der Manufaktur. Mehrere Profiküchen, aufs Beste ausgerüstet, sind hier untergebracht. Zwei Spitzenköche mit einem kleinen Stab an Mitarbeitern halten hier das ganze Jahr über Kurse und Seminare, zu denen Profis aus der ganzen Welt anreisen.

Als wir durch den Aufenthaltsraum geführt werden, wird gerade für das gemeinsame Mittagessen gedeckt. Beinahe wie in Klausur sind die Teilnehmer hier von der Außenwelt abgeschirmt, ganz auf ihr Programm konzentriert. Wir bekommen einen Kaffee angeboten und stehen inmitten von einem Dutzend Köchen, die sich heute mit den chemischen und physikalischen Vorgängen beim Verarbeiten von Schokolade auf der molekularen Ebene beschäftigen. Gesprochen wird englisch, ein wenig deutsch und französisch, wie es gerade am besten passt. Wer hierherkommt, arbeitet seit mindestens drei Jahren professionell, hat oft Sterne, Mützen oder andere Auszeichnungen und bezahlt nicht wenig, um dabei zu sein.

Frédéric Bau, mit gerade mal 23 Jahren war er Chef-Patissier bei Valrhona. Heute »Directeur de l'École du Grand Chocolat Valrhona«. In dieser »Schule« treffen sich Spitzenköche aus aller Herren Länder, um sich weiterzubilden und sich dem Thema Schokolade auf ganz unterschiedliche Weise zu nähern.

Die Crème de la Crème der Köche, Patissiers und Konditoren ...

Kursleiter ist heute nicht einer der Valrhona-Chefs, sondern ein Mitgleid der Équipe française, ein Koch, der bei Kochweltmeisterschaften für Frankreich startet – zu erkennen an der blau-weiß-roten Trikolore am Jackenkragen – ein illustrer Kreis also. Die Schulungsunterlagen für eine Woche Kurs haben den Umfang einer Semesterarbeit und sind Grundlage für theoretische Erörterungen und die praktischen Arbeiten hier in der Versuchsküche.

Das ist keine Goodwill- oder Promotionveranstaltung für motivationsarme Köche, sondern hier wird hochkonzentriert gearbeitet. Die Erkenntnisse, die hier gewonnen werden, tauchen vielleicht in einigen Wochen oder Monaten als neues Gericht in den Speisekarten der Top-Gastronomie auf. Was hier diskutiert, kritisiert und angeregt wird, taucht entsprechend bei Valrhona als Produktinnovation auf oder fließt ein in die Verbesserungsbemühungen der Produktentwickler. Besser und effizienter kann man Produktentwicklung kaum betreiben.

Impressionen aus dem »Schulalltag« bei Valrhona. Hier stehen nur Profis am Herd. Köche, Patissiers oder Konditoren, die schon einige Jahre Berufserfahrung vorzuweisen haben.

Nach der Kaffeepause stehen wir noch hinter den großen Glasscheiben, die die Küchen voneinander trennen, und sehen den Dreier-Gruppen der Köche zu. Ein Auge auf dem Klemmbrett mit den Schulungsunterlagen und ein Auge auf der »Bain-Marie«, Stifte hinter dem Ohr oder in den Kochjacken, diskutieren sie leise die nächsten Arbeitsschritte.

Ein Tag im Paradies …

Kurz nach acht Uhr stehen wir vor der Tür. Neugierig und zu früh sind wir mit der ersten Mitarbeiterin an diesem Morgen am Eingang zur Manufaktur. Monsieur Feret – Verkaufsleiter für Deutschland – kommt aus dem Elsass hierher, um uns einen Tag durch die Produktion von Valrhona zu führen und uns alles zu zeigen. Wir waren am gestrigen Nachmittag schon einmal vor den Toren gestanden und haben uns gewundert, dass relativ wenig Schokoladenduft in der Luft liegt.

Das ist heute Morgen ganz anders. Kaum durch die erste Tür, werden wir eingehüllt vom warmen, samtenen Duft nach flüssiger Schokolade. Unweigerlich steigen alle Erinnerungen an Weihnachten und die frühe Kindheit in uns hoch – paradiesische Zustände herrschen hier.

Wie bei allen Betrieben, in denen Lebensmittel verarbeitet werden, müssen wir auch hier die obligatorischen weißen Einwegmäntel, -hauben und -überschuhe tragen. Aber das scheint auch schon die einzige Reminiszenz an die Neuzeit zu sein.

Direkt vor Ort kauft es sich am besten ein. Im Ladengeschäft von Valrhona findet sich das komplette Warensortiment. Schokolade in allen Formen, Farben – von weiß bis schwarz – und in unendlich vielen Geschmacksabstufungen. Ein Vergnügen, das man sich in Deutschland leider nur selten gönnen kann. Nur wenige Einzelhändler führen diese Premiummarke und dann auch nur einen Bruchteil des Sortiments.

Enorm viel Handarbeit steckt in den Produkten von Valrhona. Hier scheint die Zeit ein bisschen langsamer zu gehen als draußen vor den Werkstoren. Bei der Lebensmittelproduktion ist ein wenig Nostalgie gewiss kein Fehler.

Eine kleine Zeitreise

Wir befinden uns in einer Schokoladenmanufaktur, die im Jahr 1922 gegründet worden ist. Die Gebäude stammen noch aus dieser Zeit und wenn man die viele Handarbeit hier sieht, dann denkt man unwillkürlich an vorindustrielle Fertigung, als die Lebensmittelbranche noch nicht von Maschinen und Lebensmitteltechnikern bestimmt wurde.

Nicht dass hier alles auf dem Stand von vor 90 Jahren wäre – gewiss nicht, aber so viele Menschen, die in kleinen Arbeitsgruppen ihre Produkte mit viel Handarbeit herstellen, haben wir nicht erwartet.

Es gibt natürlich Maschinen, die die Tafeln oder Pralinees verpacken, aber auffälliger sind etwa mannshohe Kupferkessel.

Etwas nach vorne gekippt, auf einem stabilen Gerüst, dreh- und heizbar. An einigen dieser Kesseln steht ein Mitarbeiter und gießt immer wieder mit einer Kelle flüssige Schokolade in die langsam rotierende Trommel. Greift mit der behandschuhten Hand hinein und rührt dabei gegen die Drehrichtung. Das machen diese Arbeiter acht bis zwölf Stunden. Immer wieder gießen sie flüssige Schokolade nach und holen prüfend ein kleines Kügelchen aus dem Kessel. Zu Beginn sind die Kügelchen in den Kupferkesseln kaum stecknadelkopfgroß. Im Laufe der Produktion lagert sich immer mehr Schokolade an. Wie ein Schneeball, der den Hang hinunterrollt, wird die Kugel immer größer. Bis am Ende – eben nach acht bis zwölf Stunden – eine Kugel entstanden ist, etwa so groß wie eine Murmel. Außer der dunklen Valrhona-Schokolade mit 72% Kakaoanteil finden sich in der Kugel fein gemahlene Gewürze wie Cardamon Piment d'Espelette, Curry und Paprika – scharf und bittersüß, eine Offenbarung!

Es gibt Tische, um die herum vier oder fünf Frauen sitzen. Pralinees vor sich ausgebreitet, auf die von einer Frau ein Klecks dunkler Schokolade getropft wird, die nächste zieht mit einem kammähnlichen Werkzeug ein bestimmtes Muster in die flüssige Masse. Ist die Lage auf dem Tisch durch, verpacken dieselben Frauen die Pralinees in Verkaufsschachteln. An einem anderen Tisch werden Nüsse, Pfefferschrot und andere Zutaten auf Schokostücken verteilt. Nicht nach DIN-Norm, sondern nach Gefühl, aber in der Menge doch unglaublich ebenmäßig. Alles geht schnell und geschickt von der Hand, aber die Frauen haben immer auch noch einen Blick für den Besuch aus Deutschland und Zeit für einen kleinen Scherz – wahrscheinlich auf unsere Kosten, aber nett gemeint, alle lachen.

Am Ende des Produktionsprozesses steht ein breites Produktspektrum: Jahrgangs- und Plantagenschokolade; Pralinees in großer Vielfalt; die großen 1-Kilo-Blöcke für die Profiküchen; Trinkschokolade; die beschriebenen Kügelchen, »Xocopili« und viele weitere Produkte, die in Deutschland leider nur in exklusiven sehr gut sortierten Fachgeschäften zu kaufen sind.

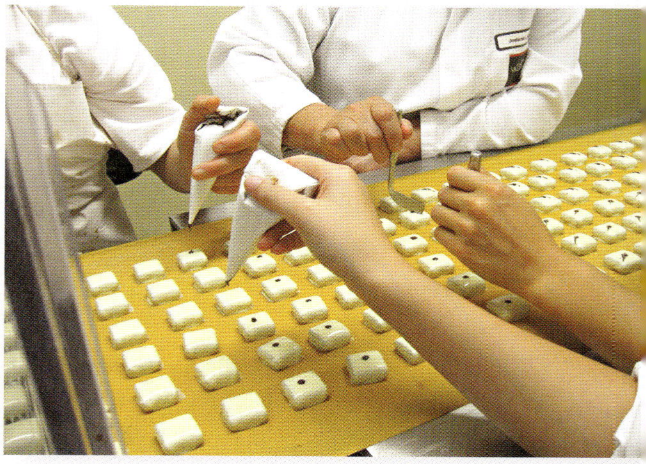

Bei der Arbeit bleibt immer noch Zeit für ein kleines »Schwätzchen« unter Kolleginnen – und ein Lächeln für den Fotografen ...

Eine Maschine aus einer anderen Epoche. Anachronistisch und sehr beeindruckend. Und das Kuriose: sie kommt aus der Gegend, in der Claudio Urru geboren und aufgewachsen ist. Solider schwäbischer Maschinenbau hilft im Süden Frankreichs bei der Produktion einer der besten Schokoladen der Welt. Das ist Völkerverständigung und frühe Globalisierung at it's best.

... mit einem Hauch »made in Germany« aus dem vergangenen Jahrhundert

Das »Prunkstück« bei Valrhona allerdings, das steht recht weit vorne in der Produktionskette. Eine Maschine aus einer anderen Epoche. Zimmergroß, etwa drei Meter in der Höhe, sieben lang und zwei Meter tief; mit Holz verkleidet und an der Stirnseite eine metallene Plakette, die Auskunft über den Hersteller gibt: Barth, Ludwigsburg – ein altes Familienunternehmen im Bereich Maschinenbau aus dem Schwäbischen. Die Maschine steht in der ersten Etage und in der Firma weiß niemand mehr, wie alt sie ist, wie sie dort hinaufgekommen ist oder wann sie in Betrieb ging. Aber sie läuft unermüdlich.

Die Schokoladenherstellung ist ein hochkomplexer Vorgang und Monsieur Feret erzählt uns von einem Kollegen, der umgezogen ist und dabei natürlich auch Maschinen ab- und wieder aufgebaut hat. Dieser Kollege brauchte über ein Jahr, um seine frühere Qualität wieder zu erreichen. Niemals würde also

jemand Hand an diese Maschine legen. Es gibt zwei Mitarbeiter, die sie bedienen können; sie schroten damit die gerösteten Kakaobohnen in drei Mahlgängen bis zur gewünschten Feinheit und trennen dabei auch gleich die Schalen vom Kern. Am Ende werden die gemahlenen Kakaobohnen in Säcke gefüllt – akurat 60 Kilogramm pro Sack. Die Genauigkeit ist dabei sehr wichtig, weil alle Rezepturen bei Valrhona auf diese 60-Kilo-Einheiten geschrieben sind. Bis hierher sind die Kakaobohnen noch sortenrein, erst im nächsten Arbeitsschritt werden sie je nach Produkt und Rezeptur gemischt.

Aus den Kakaobohnen entsteht der zarte Schmelz

Die Assamblage aus den verschiedenen Kakaobohnen wird nun gemischt und dabei auch leicht erwärmt, das setzt die Kakaobutter frei und es entsteht ein dickflüssiger Brei. Erst im nächsten Arbeitsschritt, durch das Conchieren, erhält die Schokolade ihren Schmelz und ihren vollen Geschmack. Die Masse wird dabei immer wieder durch Stahlwalzen verrieben, bis die Bestandteile nur noch winzige Bruchteile von Millimetern fein sind – viel feiner als wir es auf unserer Zunge und im Rachenraum unterscheiden könnten. Bei Valrhona wird je nach Schokolade bis zu 72 Stunden lang conchiert – ein Arbeitsgang, der entscheidend die Qualität einer Schokolade bestimmt.

Die Vorstufe zum Paradies ...

Ziemlich am Ende unseres Tages bei Valrhona betreten wir einen Raum, den viele als die Vorstufe zum Paradies sehen werden. Hier sitzen ein Dutzend Frauen und Männer bei Wasser, Brot und Schokolade und essen von Berufs wegen Schokolade.
Jeder der Mitarbeiter erhält die gleichen Produkte und beschreibt unabhängig von den Kollegen seine Erkenntnisse über Aussehen, Geruch, Konsistenz und Geschmack auf einem Auswertungsbogen. Sollten bei einer Probe mehrere Tester Abweichungen feststellen, wird die Charge aus der Produktion genommen und genauer untersucht – die Gaumen von Valrhona! Testesser in einer der exklusivsten Schokoladenmanufakturen der Welt – und selbstverständlich werden sie für diese Arbeit bezahlt.

Verführung all überall und in ungewohnter Form.
Die Pralinees in der zweiten Reihe zieren einige Körner »Fleur de Sel«.

Gateau von Zartbitterkuvertüre mit marinierten Himbeeren und Champagner-Essigeis

Bananensoufflé mit Sauerrahmeis und Kompott von Sauerkirschen

Schokoladen-Pfefferminz-Soufflé mit marinierten Erdbeeren und Pistazieneis

Dreierlei Mousse au Chocolat von Valrhona-Jahrgangsschokolade mit Quitten und Vanillesauce

Plantage Millot, Madagascar
Plantage Palmira, Venezuela
Plantage Gran Couva, Trinidad

Gateau von Zartbitterkuvertüre mit marinierten Himbeeren und Champagner-Essigeis

Schokoladenmousse

340 g Zartbitterkuvertüre
(Valrhona-Jahrgangschokolade Gran Couva Trinidad 2006)
220 ml Sahne
80 g Eigelb
70 g Zucker
1,5 g Quatre-épices
240 ml geschlagene Sahne

Das Eigelb und den Zucker in einer Schüssel über dem Wasserbad aufschlagen, bis die Masse weißschaumig ist und deutlich an Volumen gewonnen hat.

Dann die Sahne aufkochen und darin die gehackte Kuvertüre auflösen.

Anschließend beide Massen miteinander verrühren und durch ein Haarsieb abpassieren, dann abkühlen lassen.

In der Zwischenzeit die Sahne steif schlagen.

In die Schokomasse das Gewürz einstreuen und dann erst ein Drittel der Sahne unterheben, danach den Rest vorsichtig mit einem Gummispatel zugeben.

Das Ganze für 4 Stunden kühl stellen.

Gateau von Zartbitterkuvertüre mit marinierten Himbeeren und Champagner-Essigeis

Schokoladenbiskuit

150 g Eier
110 g Zucker
20 g Mondamin
60 g Mehl (Type 405)
20 g Kakaopulver
25 g flüssige Butter
kleine Menge Espresso zum Bepinseln

Die Eier und den Zucker auf einem Wasserbad bis etwa 45 °C schaumig aufschlagen. Vom Wasserbad nehmen und mit einem Handrührgerät kalt schlagen.

Mehl, Kakao und Mondamin gemeinsam unterheben, danach die Butter unterziehen.

Eine runde Backform gut einfetten, den Teig darin gleichmäßig verteilen – etwa 5 mm hoch. Dann bei 180 °C etwa 20 Minuten backen.

Den Biskuit mit wenig Espresso bepinseln. Dann die Mousse darauf verteilen – 5–6 cm hoch. Über Nacht kühl stellen.

Am nächsten Tag in schöne gleichmäßige Stücke schneiden und mit Kakaopulver oder mit restlicher Mousse verzieren.

Dazu passen ein karamellisierter Baumkuchen und Vanillesauce.

Champagner-Essig-Eis

200 g Zucker
180 g Eigelb
400 ml Champagner
10 ml Champagneressig
160 ml Gewürztraminer
420 g kalte Butter

Das Eigelb mit Zucker über einem Wasserbad warm aufschlagen – etwa 75 °C.

Dann den Champagner, den Essig und den Traminer aufkochen.

Die Eimasse vom Wasserbad nehmen und die kochende Flüssigkeit zügig nach und nach hineinrühren.

Die Masse unter ständigem Rühren auf etwa 85 °C erhitzen.

Dann durch ein Haarsieb abpassieren.

Nach und nach die kalten Butterwürfel untermischen, anschließend nochmals auf 65 °C erhitzen.

Die Eismasse kalt rühren und in der Eismaschine gefrieren. Im Gefrierschrank aufbewahren. Wenn keine Eismaschine vorhanden ist, können Sie sich mit dem Gefrierfach behelfen. In regelmäßigen Abständen die gefrierende Masse wieder glattrühren.

Himbeeren

300 g Himbeeren
40 g Himbeermark
einen Spritzer Zitronensaft
1 TL Grand Marnier

Die Beeren leicht abbrausen und trocknen. Dann alles vorsichtig vermengen und gut durchziehen lassen.

Anrichten

Die Mousse in schöne Stücke schneiden und verzieren. Den Teller mit Kuvertüre verzieren.

Dann das Gateau draufsetzen, mit den marinierten Himbeeren ausgarnieren und mit Pfefferminze und mit Vanillesauce vollenden.

Gut dazu passt karamellisierter Baumkuchen.

Bananensoufflé mit Sauerrahmeis und Kompott von Sauerkirschen

Bananensoufflé mit Sauerrahmeis und Kompott von Sauerkirschen

Bananensoufflé

140 g Quark (40% Fett i.Tr., abgetropft)
70 g Bananenpüree
80 g Eigelb
Eiweiß
Mark einer ½ Vanilleschote
40 g Zucker

Für die Förmchen:
30 g weiche Butter
30 g Zucker

Die Förmchen mit der weichen Butter ausstreichen, den ganzen Zucker hineingeben und gut durchschütteln, damit der Zucker überall gleichmäßig haftet. Diesen Vorgang so lange wiederholen, bis alle Förmchen vorbereitet sind.

Quark, Eigelb, Vanillemark und Bananenpüree glatt verrühren.

Eiweiß mit einer Prise Salz vermischen und anschließend halbfest aufschlagen. Den Zucker langsam einrieseln lassen und so lange weiterschlagen, bis eine homogene Masse entstanden ist.

Ein Drittel des Eischnees vorsichtig unter die Masse rühren und dann den Rest mit einem Holzlöffel unterheben.

Die Masse in die vorbereiteten Förmchen füllen. Im Backofen im Wasserbad bei etwa 185 °C für 16 – 18 Minuten goldbraun backen.

Sauerrahmeis

800 g Sauerrahm
200 g Mascarpone
4 EL Milchpulver
Abrieb und Saft von 3 unbehandelten Zitronen
Vanillemark einer ½ Schote
4 Blatt Gelatine

Die eingeweichte Gelatine in heißem Zitronensaft auflösen.

Dann alle Zutaten glatt verrühren und gefrieren. Im Gefrierschrank aufbewahren.

Sauerkirschen

1 kg entsteinte und halbierte Sauerkirschen
100 ml Banyuls Wein
1 Vanilleschote
4 Sternanis
1 Zimtstange
2–3 Scheiben Zitrone
500 g Gelierzucker 1 zu 2
8 cl Wildkirschen-Brand

Alle Zutaten, bis auf den Kirschbrand, miteinander vermengen und über Nacht durchziehen lassen.

Am nächsten Tag langsam aufkochen lassen und unter ständigem Rühren etwa viereinhalb Minuten köcheln.

Dann den Kirschbrand zugeben und abschmecken.

Zur Aufbewahrung in saubere Einmachgläser abfüllen.

Eine Vanillesauce als Abrundung passt hervorragend.

Schokoladen-Pfefferminz-Soufflé mit marinierten Erdbeeren und Pistazieneis

Schokoladen-Pfefferminz-Soufflé

200 ml Milch
¼ Vanillestange
40 g Zucker
50 ml Milch
80 g Eigelb
20 g Zucker
20 g Vanillepuddingpulver
120 g Eiweiß
75 g Zucker
25 ml Pfefferminzlikör
40 g geraspelte Zartbitterkuvertüre

Für die Förmchen:
30 g weiche Butter
30 g Zucker

Die Förmchen mit der weichen Butter ausstreichen, den ganzen Zucker hineingeben und gut durchschütteln, damit der Zucker überall gleichmäßig haftet. Diesen Vorgang so lange wiederholen, bis alle Förmchen vorbereitet sind.

Milch mit der ausgekratzten Vanillestange und dem Zucker aufkochen.

Eigelb, Zucker, Puddingpulver und die 50 ml Milch mit einem Schneebesen verrühren.

Die aufgekochte Milch zu der Eigelbmasse hinzufügen und verrühren.

Schokoladen-Pfefferminz-Soufflé mit marinierten Erdbeeren und Pistazieneis

Die Masse zurück in den Topf und unter ständigem Rühren aufkochen lassen. Abschließend durch ein Haarsieb streichen und abkühlen lassen.

Ein kleiner Tipp: die warme Creme mit einer Klarsichtfolie abdecken, damit sich keine Haut bildet.

Eiweiß mit einer Prise Salz vermischen und anschließend halbfest aufschlagen.

Den Zucker langsam einrieseln lassen und so lange weiterschlagen, bis eine homogene Masse entstanden ist.

Den Pfefferminzlikör unter die Creme rühren. Ebenfalls ein Drittel des Eischnees vorsichtig unter die Creme rühren und dann den Rest mit einem Holzlöffel unterheben.

Zum Abschluss die geraspelte Zartbitterkuvertüre hineinstreuen und in die vorbereiteten Förmchen füllen.

Im Backofen im Wasserbad bei etwa 185 °C für 16 – 18 Minuten goldbraun backen.

Pistazieneis

300 ml Milch
200 ml Sahne
115 g Zucker
125 g Eigelb
60 g Pistazienpaste
15 ml Amaretto

Die Milch mit der Sahne und 50 g Zucker aufkochen.

Das Eigelb mit dem restlichen Zucker über einem Wasserbad warm aufschlagen – bei etwa 75 °C.

Anschließend die heiße Milch-Sahne-Mischung zugeben und zur Rose abziehen.

Die Pistazienpaste und den Amaretto zugeben, danach durch ein feines Haarsieb passieren.

Dann in der Eismaschine gefrieren. Im Tiefkühlfach aufbewahren. Sollten Sie keine Eismaschine haben, geben Sie die Masse in das Gefrierfach und rühren Sie die gefrierende Masse in regelmäßigen Abständen glatt.

Erdbeeren

500 – 600 g Erdbeeren
Zitrone
Puderzucker
Grand Marnier

Die Erdbeeren waschen, trocknen und vierteln.

Dann mit Puderzucker, dem Zitronensaft und dem Grand Marnier marinieren.

Anrichten

Die marinierten Erdbeeren auf einem Glasteller schön drapieren und mit ein wenig Vanillesauce verzieren.

Einen Zweig Pfefferminze daranlegen und eine schöne Nocke Pistazieneis ausstechen.

Zum Schluss das Soufflé mit Schokopulver bestäuben und im Förmchen auf den Teller stellen.

Dreierlei Mousse au Chocolat von Valrhona-Jahrgangsschokolade mit Quitten und Vanillesauce

Plantage Millot, Madagascar

Plantage Palmira, Venezuela

Plantage Gran Couva, Trinidad

Dreierlei Mousse au Chocolat von Valrhona-Jahrgangsschokolade mit Quitten und Vanillesauce

Plantage Millot, Madagascar • Plantage Palmira, Venezuela • Plantage Gran Couva, Trinidad

Mousse au Chocolat

150 g Zartbitter-Kuvertüre Madagascar
115 g Sahne
45 g Eigelb
35 g Zucker
125 g geschlagene Sahne

Die Sahne warm machen und darin die gehackte Kuvertüre schmelzen lassen.

Das Eigelb und den Zucker auf einem Wasserbad heiß aufschlagen.

Dann die Schokoladen-Sahne-Masse auf die Eimasse gießen und durch ein Haarsieb abpassieren.

Zugedeckt abkühlen lassen und dann vorsichtig die geschlagene Sahne unterheben.

Vor dem Servieren mindestens für 3 – 4 Stunden kalt stellen.

Die zwei anderern Mousse machen Sie genau gleich.

Anrichten

Als Beilagen empfehle ich Vanillesauce und ein Quittenkompott.

Und um den Schokoladengeschmack noch zu verstärken, hobeln Sie von jeder Kuvertüre vor dem Servieren noch einige Späne auf die jeweilige Mousse.

HALLDE

Glossar

A

Agar-Agar – *(malaiisch)* ist ein Polysaccharid, das Gallerte bildet. Agar wird aus den Zellwänden einiger Algenarten oder Seegräsern hergestellt. Es ist geschmacksneutral und unverdaulich. Es ist ein sehr gutes Geliermittel, ein halber Teelöffel entspricht etwa 4 Blatt Gelatine. Agar-Gel wird bei 95 °C flüssig und erstarrt bei 45 °C.

Assemblage – das »vermählen«, also mischen verschiedener Grundstoffe. Etwa bei der Herstellung von Champagner, werden verschiedene Weine gemischt, um im Ergebnis den typischen Geschmack des Champagners zu erreichen.

B

Bacalao – *(spanisch)*; **Bacalhau** *(portugiesisch)* – Stockfisch.

Brandade – ein Püree aus Fisch eventuell auch weiteren Zutaten wie Kartoffeln oder Gemüse. Am bekanntesten ist *Brandade de Morue,* das Stockfischpüree, eine Spezialität aus dem Bordeaux.

Brunoise – gleichmäßig kleingeschnittenes Gemüse, etwa 1 – 2 mm große Würfel, oft Einlage für Suppen oder zur Dekoration.

C

Concassée – *(französisch)* Tomaten-Concassée »zerkleinerte, zerstampfte Tomaten«, auch »geschmolzene Tomaten« genannt, ist eine Zubereitung aus gehäuteten, entkernten und feinwürflig geschnittenen Tomaten, die entweder in Butter oder Öl sanft geschmort oder roh mit weiteren Zutaten wie Vinaigrette, Schalotten, Gewürzen und Kräutern vermischt, Bestandteil zahlreicher Gerichte ist.

F

Farce – *(französisch)* bezeichnet eine Füllung, eine Masse aus feingehacktem Fleisch, Fisch oder Gemüse, kräftig gewürzt und mit Ei oder Sahne gebunden.

G

Gateau – Bezeichnung für einen Kuchen, meist ein kleiner Dessertkuchen für eine Person.

J

Julienne – *(französisch)* in feine Streifen geschnittenes Gemüse.

Jus – *(französisch)* Saft oder Brühe. Konzentrierter, entfetteter Fleischfond oder Bratensaft, der erkaltet geliert. Zur Herstellung werden gehackte Knochen und Fleischreste mit Wurzelwerk in Butter braun geröstet, in wenig Kalbsbrühe langsam gekocht, nur leicht gewürzt, entfettet und durchgeseiht. Durch die gelöste Gelatine entsteht eine Bindung, die den Jus beim Erkalten erstarren lässt.

K

Karkasse – *(französisch)* auch Carcasse bezeichnet in der Küche das Gerippe von Geflügel und anderen Tieren.

L

Lardo – *(italienisch)* ist ein besonders gereifter, fetter Speck. Für Lardo wird nur der feste, obere Teil des Rückenspecks vom Landschwein verwendet. Er ist weiß oder leicht rosig, leicht salzig und etwas süßlich mit einem an Walnüsse erinnernden Geschmack. Fest und zugleich zart schmelzend. Lardo wird mit Lorbeer, Pfeffer, Salbei, Rosmarin, Nelken, Zimt, Wacholder, Muskatnuss und Knoblauch gewürzt und in Salzlake eingelegt. Er reift geschichtet und beschwert für drei bis sechs Monate in Marmortruhen.

G

H

I

J

K

L

M

P

R

S

T

V

W

Z

Danksagung

Die nachfolgend aufgeführten Firmen, Verbände, Institutionen und Einzelpersonen haben uns bei der Entstehung und bei der Arbeit an diesem Buch begleitet und geholfen. Dies geschah auf sehr unterschiedliche Weise, etwa durch Bild- und Textbeiträge, durch Informationen oder dadurch, dass sie uns auf unseren Reisen begleitet haben oder uns »Türen geöffnet« haben. Jeder auf seine Weise hat damit zum Gelingen beigetragen.
An dieser Stelle möchten wir uns bei den aufgeführten Stellen bedanken, hauptsächlich aber bei den vielen Menschen, mit denen wir bei der Arbeit an diesem Buch zusammengekommen sind.
Herzlichen Dank – es hat Spaß gemacht, mit Ihnen zu arbeiten!

BOS FOOD GmbH
Grünstraße 24 c • 40667 Meerbusch
Telefon: +49 (0) 21 32 / 139-0 • Telefax: +49 (0) 21 32 / 139-100
e-mail: service@bosfood.de • internet: www.bosfood.de

Rosenthal AG
Hotel & Restaurant Service
Philip-Rosenthal-Platz 1 • 95100 Selb
Telefon: +49 (0) 92 87 / 723 74 • Telefax: +49 (0) 92 87 / 806 13 74

Otto Gourmet
Fürstlich zu Hause speisen – Otto Gourmet bietet Ihnen (fast) alles, wovon Genuss-Experten träumen und was Chefköche wählen, wenn sie extra edles Fleisch für ihre Kreationen brauchen.
Lassen Sie sich das Fleisch der Spitzenköche privat nach Hause schicken.
Industriestraße 33 • 52525 Heinsberg
Telefon: +49 (0) 24 52 / 15 55 73 • Telefax: +49 (0) 24 52 / 15 55 74
e-mail: info@otto-gourmet.de • internet: www.otto-gourmet.eu

Wäschekrone GmbH & Co. KG
Hirschstraße 98 • 89150 Laichingen
Telefon: +49 (0) 73 33 / 804-0 • Telefax: +49 (0) 73 33 / 804-30
e-mail: info@waeschekrone.de • internet: www.waeschekrone.de

Valrhona
F-26 601 TAIN L'HERMITAGE CEDEX
Telephone : +33 (0) 475 07 90 90 • Telefax : +33 (0) 475 07 10 49
e-mail: info@valrhona.fr • internet: www.valrhona.com

Morgan Ranch
83583 Gracie Creek Avenue • Burwell, Nebraska, USA 68823
Telephone: 001 308 346-43 94 • Telefax: 001 308 346-56 20
e-mail: info@morganranchinc.com • internet: www.morganranchinc.com

LandArt – Produkte für Feinschmecker
Egelseestraße 44 • A-4866 Unterach
Telefon: +43 (0) 76 65 / 60 11 • Telefax: +43 (0) 76 63 / 200 11 23
e-mail: office@landart.at • internet: www.landart.at

Domaine de la Schleif
30 A, route de Molsheim • F-67120 Soultz-les-Bains
Telephone: +33 (0) 388 / 47 98 98 • Telefax: +33 (0) 388 / 38 89 29
e-mail: info@lucien-doriath.fr • internet: www.lucien-doriath.fr

Furic Maree
1 Rue Jacques de Thézac • F-29730 Guilvinec
Telephone: +33 (0) 298 58 14 14 • Telefax: +33 (0) 298 58 10 40
e-mail: maree@furic.com

restaurant top air • Claudio Urru
70629 Stuttgart/Airport
Telefon: +49 (0) 711 / 948 21 37 • Telefax: +49 (0) 711 / 797 92 10
e-mail: info@restaurant-top-air.de • internet: www.restaurant-top-air.de

C. Wöllhaf GastroService GmbH
Geschäftsführender Gesellschafter: Claus Wöllhaf
e-mail: info@woellhaf-airport.de • internet: www.woellhaf-airport.de

Impressum • Bildnachweis

office@media-service-stuttgart.de

Konzept und alle Rezepte: Claudio Urru, Stuttgart
Konzept, Redaktion, Herstellung: BUCHMACHEREI Ralf Rüffle, Esslingen
Reise Fotografie: Horst Michel, Stuttgart
Reise Fotografie (nur Österreich): Martin Baitinger, Böblingen
Food Fotografie: Hartmut Seehuber, Stuttgart

Druck: Druckerei Friedrich VDV, A-4020 Linz

ISBN: 978-3-939934-00-4